復活の秘義をめぐって

キリスト教とは何か ①

もくじ

ブックデザイン　佐藤克裕
カバー装画　矢野滋子

第一章　運命について

1. 運命の不公平

運命ということばの由来は知りませんが、命じるという「命」と、運ぶという「運」との二つから成り立ちます。それを素人なりに考えてみます。「命」というのは自分のほうが注文したのではなくて一方的に命じられ変更できないことで、「運ぶ」というのはどう運ぶか自分で決めることができます。運び方はいろいろやり方があって、いやだいやだと言って運ぶこともできるし、喜びいさんで運ぶこともできます。そこにはその人自身の自由意思の選択が入ってきます。運命という場合に、避けることのできない部分は心静かに受けるというのが人生の知恵であり、他方、変更できること、また、変更しなければならないことには勇気をもって挑戦していくという二つの面がわたしたちの人生には大切だと思うのです。それをどうやって見分けるか。これは心静かに受けなければいけないことであるとか、いや、これは挑戦して変更すべきであるとか、そのへんの見分けをどうやるのかというのは、人生の難しいキーポイントです。

まず、運命の「命」については、どうしようもないことがあります。例えば、わたしの友人で戦艦大和に乗っていて本を書いた吉田満さんという人から次のことを聞きました。彼の親友が艦と一緒に沈んだのですが、その親友の奥さんに彼はいろいろな励ましとか、物を送っていたけれど、いっこうに返事が来なかった。一年余りたって急に返事が来て、お礼が書いてあって、さらに、こう書いてあったというのです。「あなたからあれほど親切なお手紙をいただいたのに、今まで何も返事をしなかったのはわたしが筆をとらなかったからとお思いになりますか。実は、何度も筆をとったのです。でも筆をとるたびに浮かんできた思いというのは、何でわたしの主人が死んで、あなたが死ななかったのか、そういう運命に対する憤りで筆が動きませんでした」と。

つまり、何であの人には起こらず、わたしに起こるのかという運命の不公平です。よく「男の才能、女の器量」と言いますが、生まれつき才能があるということも認めざるを得ない。ある人は一の努力をして十の効果を上げる。ある人は十の努力をして一の効果しか上がらない。そうすると大切なのは努力だと言ってもやはり社会的評価は違いますから、当然待遇は違ってきます。女の器量というほうも、本当の美しさは心の表れだと言っても、やはり外面的な面もあるので、それでちやほやされたり、されなかったりということがあるのも認めざるを得ない。こういうどうしようもない差別に人間は苦しむわけです。すると結局、神さまって何だろうか、こんな不公平なことを許していいのだろうかとなるのです。

みなさんも自分の人生をちょっと考えてみてください。そこには定められた道があったに違いありません。例えば、自分は両親を指定して生まれたわけではなくて、ある二人の間で生まれてしまったということは、どうにもならないわけです。こっちが注文したわけではありません。しかし、その上にたって、この部分は自分自身の自由意思によって開拓していったという、そういうふうに断言できる部分もあるはずです。

ところで、みなさんがたの人生で、本当に晴れ上がった歓喜の日はどのくらいありましたか。人生にはいやなこと、苦しいことがたくさんありますけれど、あの日は晴れ上がっていた、あの日は我が生涯の歓喜の日であった、というそういう日がどのくらいありましたか。そういう日は自分の自由意思の決断と、その内容にかかわっているのではないでしょうか。人生の喜びというのは、仕方なく受けたものではなく、自分の自由意思の決断で受けてたったときにあります。それによってのみ人間は本当に充足される条件を与えられるのでしょう。ではどうしたら自由意思の決断が歓喜につながるようになるかという、その内容の問題に入っていこうと思います。

最初にわたし自身の思い出を話します。二番目に聖母マリアがどうであったか。それを通じて宗教とはどんなものなのか。その中でキリスト教とはどんなものなのか。そこまでいけたらいいこうと思います。

2. 自由の選択

わたし自身のことを話しますと、いかに運命の「命」で決められたか。わたしの父は銀行員でした。学校を出てすぐアメリカへ飛ばされて、昔の会社なんてひどいもので、二十何歳で行って、三十五歳まで行きっぱなしです。アメリカへ送られて三十五のとき帰ってきました。わたしの父親はおよそ宗教的なところがない人で、ゴルフやダンスが好きで、わたしにこういうことを話してくれました。アメリカにいるとき、下宿屋の息子さんが死んで教会に初めて行って、賛美歌を覚えた。その晩バーへ行って、賛美歌を歌って飲んだと。そういう人だったのです。だからいい人間だと思うけれどおよそ宗教とは関係がない人だったのです。それで、どうやって母と結婚したのかと聞きましたら、帰国命令が出て、サンフランシスコから船に乗って神戸に着いたのだそうです。そうしたら、昔の友人が港に迎えに来てくれていて、「なんだ、おまえは三十五歳にもなってまだ嫁さんがいないのか」というわけで、わたしの母を紹介してくれたというのです。後で勝手に考えますと、例えば、父がサンフランシスコで帰国命令を受け、今でいう交通公社へ行ったとします。するとカウンターが二つあって、一つの窓口の下に犬がいて、またごうと思ったら目を上げてあくびをしたから嫌な気がして他のほうに行ったら別の船会社で横浜に着いたかもしれません。もし犬があくびをしなかったらわたしは生まれなかったわけです。そういうふうに、人間なんてひょっとしたことでガラリと変わるのです。それは外界だけに支配されるのではなく、本人の自由意思で切り開かれる部分もあるのだという、その部分が大切なチェックポイントです。避けることのできないことは、静かに受けなければならない。それは受けましょう。逃げないで受ける。しかしここから先は自分の決断でやらなければならないと受け取ったことは、全身をかけて、とことんまで努力することが大切です。

わたしは終戦のちょっと前に洗礼を受けました。洗礼を受けて、戦争が終わって、日本が自由になって、いろんな宗教活動が始まりました。わたしもカトリック学生連盟を作ってやっていたのですが、「おまえは一体キリスト教をどのくらいわかっているんだ」と自分に問いかけると、よくわからないところがたくさんあるのです。あるとき、わたしの友人の家に仲間が集まったのですが、その家の玄関に靴が脱ぎっぱなしになっていました。するとその家のおばあさんが出てきて、孫であるわたしの友人に「あんたの宗教の人は行儀が悪いね」と言ったのを聞きました。そのおばあさんから見ると、キリスト教は何かわからないけれど、行儀の悪い宗教だと見えているのです。そのとき、何で特にキリスト教が大切なのか、どれだっていいんじゃないかとか、いろんな疑問がわいたのです。それで、いろいろと質問をしたのですが、どうも納得できない。でも納得できないのは、わたし自身の信仰が浅いからなのかもしれない。そして、わたしの心に急に浮かんだのは、富士山麓にある復生病院という重い皮膚病の方の病院でした。その病院に岩下壮一神父という方がいらして患者のために献身的に働いた方ですが、終戦前に亡くなられました。そこに心を引かれて友人二人を連れていったのです。わたしの自由な決断で、何かわからないけれど、そういう病院の中に何かあるのではないかと思ったのです。

玄関に着いたら、ベルがあって、押さなければなりません。三人とも怖いので「おまえ押せ、おまえ押せ」と言いながら、最後に「えいっ」と思って押しました。玄関の戸が開き、シスターが出てきて「どうぞ」と言われ、入るとスリッパが置いてあるんですが、履くのが怖いわけです。思いきって履いて中に入っていったら、シスターが「今日はちょうど母の日で、重症の患者さんたちは本当に慰めがなくてただ死を待っているだけだから、あなたがた若い学生さんは何かしてあげてくれないか」と言うのです。三人のうちの一人がすぐ引き受けてしまって、三人で重症患者の部屋へ行って、彼の指導の下に歌を歌ったのです。そのときの患者さんのくずれた顔を見て、胸をえぐられる思いで三人で歌を歌いました。ふと見たら、一つの顔が横にずれて、水がちょろちょろと流れて、それを布団の縁でふいたのです。「あの人は泣いた、涙を布団の縁でふいた。あの人がお母さんで子どもを思って泣いたのか、自分の母を思って泣いたのかわからないけれど、我々のつたない歌を聞いて泣いてくれた」というその瞬間の思いに、もう何も怖くなったのです。終わったら今度はシスターが、今晩他の患者のために、何かやってくださいというわけです。また一人がすぐ引き受けて、喜劇を作りまして、三人の大根役者によって、夜、演劇をやりました。終戦後の本当にひどい、バラックのようなガタガタの物置のような所に百人くらい集まって。しかしもう全然怖くありませんでした。三人で何か芝居をやったら、皆がキャーキャーと言って笑うのです。その歓喜のどよめきみたいなものが、自分の心にもこだましているわけです。その中で、三人ともとても充実感を覚えたのです。そのときにわたしが確認したことは、この瞬間が今までの我が人生の中で最高の瞬間だったということです。心の底から満たされていました。孤独感は全くありませんでした。ですから、難しい理屈はわからないけれど、こういう心境が、人生で最高の心境なのではないか、これを持続すれば、わたしの人生は成功するのだ、という何かサンプルをつかんだような気がしました。そうすると、さっき申し上げたように、何であそこに行ったのか、これは自由の選択ですね。何で歌を歌ったのか。それも強制じゃないでしょう。何で演劇をやったのか。それは友人の助けがあったけれど、みな、自由意思でやったわけです。やった目的は、ただこの人たちの心に何か喜びを伝えたいという、相手を思う心だったと思うのです。そうすると、自分のことを忘れて何か人の役に立つことを、そのことずばりを目的にして、本当に自由意思をもってそれに没入すると、こんな世界があるという、これが人生の幸せだと感じるわけです。

次に、そういう心境をどうしたら持続できるかと考えますと、初めてキリスト教がわかったのです。一時の興奮ではなくて、そういう心境を持続する支えになるものが聖書であり、聖体拝領なのです。例えば、聖体拝領というのは、小さく食べられやすいようになって、食べられて消えて相手を生かす力、それを受けること。人間の本性は大きくなって、相手を食べたくなるわけですが、逆に小さくなって食べられることの中に、かえって大きな満足があるということを、神さまは示すだけでなく、ご自分でそれをやってくださり、「これを繰り返しなさい」と託されました。それをすることのなかに、エネルギーを獲得していくということがキリスト教なのだとわかったのです。

ですからキリスト教というのは、何か難しい理屈ではなくて、誰もが欲しい人生の歓喜、そこでは孤独がなくて満たされるという境地を、どうして得られるかを示すもので、それは、我を忘れて人のために役立つことが自分の自由意思による決断になったとき、実現するという教えです。その原形が十字架で示されて、その生き方を聖書と秘跡で支えつつ、崩れやすい人間を前進させるのだとわかってきたのです。これはわたしの思い出のほうです。

3. 現実の中での花の香り

歓喜ということで、スペインの人が書いた『花の好きな牛』という童話について、ひとこと述べたいと思います。

スペインのある牧場にフェルジナンドという子牛がいました。この牛は変わってい て他の子牛がとんだり跳ねたりしているのに、それに興味がなくて、ひとり花の香り を嗅いでいます。お母さんは、うちの息子は男の子のくせにあんな木の下に行って花 の香りを嗅いでばかりいるのは情けない、と心配して息子の所に行きます。「おまえ 男じゃないか、もうちょっとみんなと元気よく遊びなさい。」子どもはいやだと言う ので、母牛も諦めます。あの子はあの子の生き方があるのだから、無理なことをさせ てもだめなんだと。そして、フェルジナンドはどんどん大きくなって、巨大な牛にな ります。ちょうどそのころ、マドリッドで大きなお祭りがあって、大闘牛が催されま す。全国におふれが出て、大きな強い牛を探すポスターが貼られます。ところでフェ ルジナンドは相変わらず木の下で花の香りを嗅いでいます。そこに興行師がスペイン 全土を回って大きな牛はいないかと探しにやってきます。この牧草に来てもフェルジ ナンドは相変わらず木の下でぽつんとしているわけです。ところがそのとき、一匹の 蜂がフェルジナンドのお尻を刺したので、牛は「痛い!」と跳び上がりました。大きな牛が跳び上がったのを見て、牛買いの連中は、「あれだ！　あのような大きい牛にあんなにバネがある、あれにしよう」と叫びます。そしてフェルジナンドを車に積んで、マドリッドに連れて帰ります。マドリッドは観客でごった返していて、開催日がやってきます。特別席には、貴族やお金持ちが着飾って陣取っています。ラッパが鳴って、いよいよ闘牛が始まります。闘牛師が出て、一方の戸が開いて牛が顔を出すと、あまり大きい牛なのでみな度肝を抜かれます。スペインの闘牛のしきたりとして、闘牛が始まる前に、たくさんの女性観客が頭にさしている花を投げ込むのです。フェルジナンドはその花の香りを嗅いだ瞬間に陶然として、闘牛場の中に座ってしまいます。赤い布を振っても、やりでつついても、フェルジナンドは花の香りに酔っているので、全然のってきません。ついに、これでは闘牛はできないということで、彼はまた、車に乗せられて元の牧場に帰り、花の香りを嗅いで一生を終わるという話です。この話から次のことを言いたいのです。

　闘牛場というのは、金持ちもいれば、貧乏人もいます。きっとスリもいるでしょう。そして闘牛はギャンブルです。ひともうけしてやろうという人たちがいます。まさに世間のごった返す現実の姿そのものなのです。今の日本も同じです。金持ちもいれば、貧乏人もいる。証券でもうけようとする人もいれば、また捕らえられる人もいる、雑多な人たちであふれています。そういう現実の外に、花の香りがあるのではなくて、その現実の中に花の香りがある。だから現実のど真ん中にいても花の香りを嗅げる人間は、別天地を味わえるのです。つまり宗教とはそういうものなのです。この、ものすごい現実社会の外に別天地をもって、そこでいい気持ちを味わおうというものではないのです。また、その宗教がご利益宗教になって、雑務の一部になってもだめです。雑踏の中にあって、しかもそこに別天地があるという、そういう境地はどうしたら得られるのか。その第一条件は自由意思、自分の自由意思で選ぶということです。第二条件は、そのとき人のために、我を忘れて仕えるという、それが全部になればいちばん純度が高い。半分だったら半分だけでもないよりはいい。そういう要素を自分の中にどうやって築いていけるのか。それが宗教の道において、修業する道筋なのです。それを離れたら無意味なのです。教会通いもお寺通いも無意味です。その二つのことにつながって、初めて人間というのは人生の歓喜を味わえるし、そこで初めて個人と社会全体の救いが重なってくるのです。

4. マリアの運命に対する態度

そこで、聖母マリアという人についてひとこと言おうと思います。マリアを女神にする必要はありません。人のお母さんであり、一人の女性です。ただ、今言った運命の「命」ということに縛られながら、自由意思の選択があったということを言いたいと思います。

聖書を読みますと、ルカによる福音一章二十六節の有名なマリアへのお告げの場面で、エリサベトという親類のおばさんが懐胎して六か月目になったとき、マリアというおとめのもとに、天使が来て「アベ・マリア、おめでとう。マリアさん、喜びなさい」と挨拶をしました。「アベ・マリア」ということばで始まるので、それは神々しい特権を担う女王の道の開始と思うでしょう。ところが、結婚しないで懐胎し、未婚の母になるということは、当時の厳しい律法の世界では断罪される道に入ることです。

ですからアベ・マリアというひとことは、マリアの一生を変えるわけです。そして「神さまが、あなたと一緒におられます」ということばを聞いて、マリアは心騒ぎ、何の意味かと考え思い惑ったのです。「ああ、そうですか」というわけにはいきません。そんなことが起こったら大変です。自分にはいいなずけがある。するとみ使いが言いました。「マリア、恐れてはなりません。あなたは紳から恵みをいただいて、子を生むでしょう。」マリアは答えました。「わたしはまだ男の人を知りません。」すると、み使いが答えました。「聖霊があなたに臨んで、あなたは御子を宿すのです。あなたの親類のエリサベトも、あんなに年寄りなのに身ごもったではありませんか。もう六か月目です。神さまには、何一つできないことはありません。」そこでマリアは「わたしは神さまのはしためです。おことばのとおりになりますように」と言い、そのとき天使は去っていきました。

そこで、マリアは立ち上がって急いで山路を越え、ユダの町へ行き、エリサベトを訪問しました。エリサベトがマリアの挨拶を聞くと、胎内の子は踊り、彼女は聖霊に満たされてこう言いました。「あなたは、女のうちで祝された方で、あなたの胎内の子も祝されています。どうしてわたしは主のお母さまの訪問を受ける幸いなど得られたのでしょうか」と。マリアはここで賛歌を歌うのです。

マリアの賛歌

「わたしの魂は神をあがめ、
わたしの霊は救い主の霊によって喜び踊っています。
主が、この卑しいはしためを、
顧みてくださったからです。
今から後、どの時代の人も、
わたしを幸せな人と呼ぶでしょう。」

つまり歓喜の歌なのです。ところがマリアの一生を考えると、未婚の母に始まり、死刑囚の母で終わるのですから、その間に歓喜の日があったのでしょうか。少なくとも一つはありました。「わたしの心は喜び踊っている」という部分です。そういう歓喜の瞬間があったことだけは確かなのです。

そこで運命ということを、振り返ってみましょう。マリアにはいいなずけがありました。マリアはまだ十代、ヨセフもまだはたちそこそこくらいでしょう。ちょっと考えても、愛し合う二人は結婚式が決まっているのに、いいなずけの女性が知らないうちに懐胎するということが起こったら大変なことです。ヨセフという青年がどんなに傷つくか。聖霊で懐胎するなんて信じるわけがありません。教会のヨセフの絵とか像はたいがい白ひげのおじいさんですが、ヨセフはその当時青年だから大変な打撃を受けるでしょう。当時は非常に律法の厳しい時代でしたし、田舎ですから、まずゴシップ（うわさ）が広まります。井戸端会議のおばさんたちが集まってきて、「ちょっと、あそこの娘さんを見たかい。お腹が大きいんじゃないか。あの子はいいなずけがあるのにあれは何？　お父さん、お母さんは信心深いことを言っているけど、娘をご覧よ」とか、「あの娘はあんな顔してるけど、実はどうしてどうして」とか、村中はゴシップでいっぱいになる。みな、「これはあんただけに言うけど」と言って八方にしゃべっています。今も昔も同じなのです。だからマリアにしてみれば、もしそのようなことが起こったら、いいなずけに何と言おうか。自分の親、兄弟がどんな目にあうか。そしてやがて裁判になり、その子はどうしたんだと尋問される。当時は、姦淫は重罪ですから、自分の首が飛ぶだけでなく、家族も村にはいられなくなります。そういうことが目に見えるわけです。だからマリアは考え惑った。しかし天使のことばのごとく、エリサベトもあんなおばあさんなのに赤ちゃんができた。だから神さまがお望みならば、それは実現するであろう。神さまがお望みになるならば、それを拒んではならない。だから「なれかし」とおゆだねしたのです。実感は伴わなくても、まして や村のゴシップをどう説得するかとか、裁判をどう乗り越えるかとか、全くメドはつかないままに、神さまの意思ならば、そのとおりになるようにと受けてたったのです。人生には、受けてたたねばならないという場合があります。みなさんだって同じなのです。どんなに苦しくても、辛くても、受けてたたねばならないことがある。それで自分の人生は一変する。でも受けなければならない。マリアはそれを受けたのです。

そこで次に大切なのは、マリアの最初の行動です。マリアは立って、山路を越えてエリサベトのもとに行きました。何をしに行ったのでしょうか。エリサベトおばさんのお産が近いから、日本的に言えばおしめを縫いに行ったわけです。ですから、マリアが神の母に召されたというお告げの後の最初の行動は、山を越えておしめを縫いに行くということ、つまり人のために仕事をすることでした。そこに自由意思をもって入っていかれたわけです。そうしたらエリサベトと会った瞬間に、エリサベトが喜びの声をあげて、「わたしは何て幸せな人間なんでしょう、神さまのお母さまの訪問を受けるとは！」と言ったのです。エリサベトには何も話していないのにそのような反応を示した彼女に、マリアは逆に「あれは夢ではなかったのだ。これからどうやって具体的な道が開けるかわからないけれど、それが神さまの意思ならばそれに従いましょう。神さまは全能だから、必ず道を開いてくださる」と確信し、マリアは有名な歓喜の歌を歌うのです。「わたしの魂は主をあがめ、わたしの霊は救い主である神を喜びたたえます。身分の低い、この主のはしためにも目を留めてくださったからです。今から後、いつの世の人もわたしを幸せな者と言うでしょう。」マリアはエリサベトのもとに三か月とどまって、お産の手伝いをして帰ったのです。

ここから次のことを学びたいと思います。みなさんの人生にもそんなに度々は歓喜の日はないと思います。ゲーテみたいな才能に恵まれた人が死ぬとき、自分の七十何年の全生涯を顧みて、心の晴れた幸せな日は一週間だったと言っています。わたしたちも、死ぬときに人生を顧みて、あれは歓喜の日だった、というのは何日あるのでしょうか。しかしそれが一日だけであっても、他の全部が支えられるほどの力がこもっていればいいのです。その歓喜はどうやって得られるかというと、このマリアが示した、運命に対する姿勢です。わからないことは、わからないと言うし、とんでもないことは、とんでもないと言う。七転八倒しても「これは避けられない」と分かったときは、「み旨のままに」と受け、しゃがみこまないで、すぐ立ち上がって山を越えるのです。自分の運命の予定表は、がらっと変わったけれど、人に仕える予定表は変えない。そして仕えるために山を越える。ハイキングに行くのではなくて、人に仕えるために苦労する。それがマリアのお告げの後の最初の行動だったのです。

それがこの歓喜につながっているということを今日いちばん言いたかったことです。

5. 宗教の根にある共通点

ですから、繰り返しになりますけれど、運命というのは、やはり命じられた部分があって、どうしようもない部分があります。それは心静かに受けなければならない。しかし自分が選択する部分もあります。そこに人間の自由というものがあるのです。受けてたって、その内容を歓喜に変えるにはどうしたらいいか。一つの方法がありまず。それは我を忘れて人のことを思うこと、そういう気持ちになれたときに、実際、いちばんその人が救われているのです。わたしたちの悩みというのは、なかなかそういう気持ちになれないということです。そうなりたいと思っても、なかなかなれない。ではどうしたらなれるのでしょうか。聖書とか、洗礼とか、ご聖体とか、いろんなことを神さまは残してくださったのだから、そのときにそういうものを処方箋として、自分の今の問題に役立たせるのです。そこに本当の宗教の根っこに共通しているものがあると思います。

わたしが海外協力隊でマレーシアにいたとき、次のようなことがありました。マレーシアの東海岸にクアンタンという町があります。戦争が始まったときに、その沖でイギリスのプリンス・オブ・ウエールズとレパルスという二つの軍艦が日本の飛行機に沈められたのですが、そのクアンタンという町で、日本の協力隊の青年が働いていて、わたしはそこに見に行ったのです。ジープで行ったのですが日が暮れてしまい、これでは危ないと思ったので、近くの海岸の宿に泊まりました。小さな貧しい宿でした。朝、目が覚めたら、向こうから朝日が昇ってくるのが見えました。あまりきれいだから水へ飛び込んで泳いでいると、子どもが飛び込んでこっちへ泳いできます。それはわたしが泊まった小さな宿の男の子でした。何かと思ったら、泳ぎついて、朝ご飯の卵をどうしましょうって聞くのです。わたしは感動しました。外国人の客で、もう二度と来ないとわかっているわけでしょう。それなのに、貧乏だから何ももてなしはできないが、せめて唯一の料理の卵をわたしが好むように作ろうと、泳いできたというその心です。ホテルへ行ったって、そういう待遇はありません。あんなに何もなくても、そういう心がある。技術協力なんて言って、車の作り方を教えたり、テレビを据えたり、道路を造らなくてもいいのではないか。こういう心を守ってあげたほうがいいのではないか。これを壊して日本みたいにしたら、どんなに立派な家が建っても車が走っても、ろくなことはない。その辺りの人々はイスラムの信者ですから、そういう心はイスラムの心なのです。だから本当にそのとき、わたしたちキリスト教徒は恥ずかしい、あのような人に神さまの前では負けると思いました。

もう一つは、インドに行ったときに、マザー・テレサがわたしにこういうことを話してくれました。ある夕方、修院に帰ってきたら、玄関に小さな男の子が立っていて、「マザー、お母さんが危ないから来てください」と言う。マザーはすぐお弁当を作って一緒に行きました。すると本当にひどい場末に、丸太棒が一本あって、それにゴザみたいなものがかかっている。それをめくると、まだ若いお母さんがぐんなりと横たわっていて、右と左に、やはりぐんなりした子どもがいました。マザーがお弁当を出すと、一本棒をひいて、「この半分をうちの子にやってください。この先に同じような家族がもう一軒あるから、残りの半分は向こうにもっていってください」と言ったというのです。「貧しい人って偉大でしょう」とマザーが言うのです。もし自分がそのお母さんだったら、自分の子が飢えているんだから、飛びついてもらっただろうと。自分の子どもが飢えているのに、もう一軒の飢えている子どものことを頼んだという、ああいう心はどこから来ると思いますか、とわたしに聞くのです。「彼らはヒンズー教徒ですよ。よく祈るのです。」だからマザー・テレサは、そういう大きな心、きれいな心というのは祈りから来る、神さまから来る。その神さまは、キリスト教専属の神さまではなくて、そういう心すべてに通じる神さまなのだと言う。ヒンズー教やイスラムに磨かれたきれいな心にも神さまはいらっしゃる。自分の自由意思の選択で、どれほど自分を無にし、他の人のためになれるかという、そこがいちばんキーポイントであって、それは人間が自分の力で生み出すのではなくて上から来る。神さまの力を受けて作り出していく、それが宗教の根本です。キリスト教徒というのは、その根本をイエス・キリストの中に学び、秘跡や聖書のことばに支えられて、その道を行くのです。その根本がなかったら何の意味もないのです。

第二章　赤い人の手紙（一八五四年）

1. はじめに

今日は、ある一つの手紙を読もうと思います。これは最近入手したアメリカのインディアンの酋長が、アメリカ大統領に出した手紙で、読んでとても感動したものです。「赤い人の手紙」という題ですが、アメリカ人のメリノール会の神父さんが日本に送ってきて、それを信州の山の中にいる押田成人神父さんが日本語に訳して送ってくれたのです。大変深い内容の、涙の出るような手紙です。この中に前回述べた、運命に対する正しい姿勢が見事に表現されています。避けられないことは心静かに正面から受け入れ、自分の責任で人のためを思いながらその道を前進していくという生き方がよく示されています。同時に、インディアンはクリスチャンではなく、大統領は少なくとも名前はクリスチャンですが、クリスチャンの人が意外とキリスト教を実行せず、異教徒という キリスト教と無縁と思われる人が、キリスト教を実行しているように思えます。アメリカには白い人がいる、黒い人がいる、黄色い人がいる。この黒、白、黄色というのは、みな外から来た人です。先住民族というのは赤い人、つまりインディアンです。このインディアンがだんだん追われて本当に小さな民族になって、消えそうになっている。今わたしたちの目に触れるのは、テレビなどに出てくる「アパッチの襲撃」的な野蛮人の姿です。それをけちらして、正義の味方が新しい近代都市をそこに建設していくというふうに報道されているけれど、それは本当なのだろうか。

2. シャトル酋長のアメリカ大統領への手紙

ワシントンの大統領のお便りによれば、我々の土地を買い上げたいとのこと。友情と好意のおことばも添えてあります。あなたがたの申し出を考慮させていただきます。我々が売らなければ、白い人は銃をもってわたしどもの土地を取り上げにくるかも知れませんから。この申し出の考え方は我々にとっては不慣れなものです。大気の新鮮さや水の輝きもこの地域のどの部分もそれは聖なるものです。輝く松葉、砂浜、奥深い森の霧、すべての切り透かし、そしてハミングする虫たち、みな、この民の思いの中で、また体験の中で聖なるものなのです。

だからワシントン大統領さまの、我々の土地を買いたいという申し出は、我々にとってあまりに大きな要求です。我々が楽に暮らせる代替地を用意する、と申されます。だから我々の土地を買いたいとのご希望は考えてみましょう。しかし、それは容易なことではありません。なぜならこの土地は我々にとって、聖なる土地だからなのです。

小川や河に流れる輝く水は、ただの水ではなく、我々の祖先の血なのです。もしも、我々がこの土地をあなたがたに譲るとすれば、あなたがたは、あなたがたの子どもたちに、ここは聖なる土地であり、湖の清らかな水の一つ一つのかすかな照り返しは、まさに我々の民の生活の出来事と思い出を語っているのだということを必ず教えてやってください。

水のささやきはわたしの父の父の声です。川は我々の兄弟であり、我々の渇きを癒やしてくれます。川は我々のカヌーを運び、我々の子どもたちを養います。もし我々のこの土地をあなたがたに譲るとするなら、そのときあなたがたは、川とは我々の、そしてあなたがたの兄弟であり、どの兄弟にも示すその親切を川にも示さねばならぬということを、必ず思い出してください。そしてそのことをあなたがたの子どもたちに必ず語り明かしてください。

白い人の死者は、生まれ故郷を忘れます。我々の死者は、決してこの美しい大地を忘れることがありません。なぜならそれは、赤い人々の母だからです。我々は大地の一部であり、大地は我々の一部です。香り高い花は我々の姉妹であり、鹿や馬や大きな鷲は我々の兄弟です。岩場の山頂、野原の露、ポニーの温かい体、そして人間みな、一つの同じ家族に属しています。

今まで赤い人々は、白人の侵攻の前にいつも退いてきました。ちょうど、山の霧が朝日の前から逃げるように。しかし、我々の先祖の遺骨は聖なるものであり、その墓地も、その丘も、その木々も、その土地も、我々にとって聖別されたものなのです。

白い人は、我々の生き方を理解しません。彼にとって一つの区画の土地は、次のもう一つの区画の土地と同じものです。彼は夜やってくる異邦人のように、その土地から彼に必要なものを何でも取り上げます。そして征服が終わると次へと移ってゆくのです。彼は母なる大地や兄弟なる空を、買い取ったり、分捕ったりする物のように、また、売り渡す羊や輝く飾り玉のように扱います。彼の欲望は大地からすべてを収奪し、あとにはただ砂漠を残すだけでしょう。

わたしにはわかりません。我々の生き方はあなたがたの生き方とは違うのです。白い人の都市の景観は、赤い人の目を痛めます。多分、赤い人が野蛮人で、事情を理解しないからでしょう。白い人の都会には静寂な場所が一つもありません。

春、木の葉の広がる音を聞き、虫の羽音に耳傾ける場所などありません。多分、わたしが野蛮人で、分からないからなのでしょう。そこでは騒々しい音だけが耳を侮辱しているように思われます。インディアンは、むしろ、池の上を走る風の優しい音や昼間の雨に清められたロッキーの松の香りを運ぶ、その風そのものを大切にするのです。赤い人にとって大気はかけがえのないものです。だってすべての存在が―動物も植物も人間も―その同じ息吹きを分かち合っているではありませんか。みんな同じ息吹きを分かち合っているのですよ。白い人は自分の吸う大気に気づいていないように思われます。長い間死んでいる人のように、彼は悪臭の気に無感覚です。

しかしもし我々が我々の土地を売るようになる場合も、あなたがたは、大気が実にかけがえのないものであること、大気は、それが支えているすべての生きものと、大気の霊を分かち合っているのだということを決して忘れないでください。我々の祖父に、その最初の息を与えた風は、彼の最後の吐息を受け取ります。そして風は、我々の子どもたちに、その命の霊を与えねばなりません。もし我々の土地をあなたがたに売るようになる場合、あなたがたは、この土地を、白い人にとっても、野の花々の甘さを運ぶ風を味わいに行ける場所として区別し、聖なる土地として保ってください。

我々の土地を買いたい、という申し出を考慮しますが、それを受諾する一つの条件を提示します。それは「白い人々がこの土地の動物たちと、自分たちの兄弟として交わる」ということです。わたしは野蛮で、他の生き方を理解しません。わたしは牧草地で、千頭もの腐敗している野牛を見ました。通りすがりの列車から、白人たちが射殺した野牛たちです。わたしは野蛮人です。我々がただ生命を支えるためにだけ殺す野牛より、なぜ、煙を吐く鉄の馬のほうが大切であり得るのかわかりません。動物たちに起こることは、間もなく人間たちにも起こるのです。すべての存在は結び合っています。

あなたがたは、ご自分の子どもたちに、足の下の大地は、我々の祖先たちの遺骨の灰であることを教えねばなりません。彼らが大地を尊ぶためです。子どもたちに、地球は我々の親族の命で豊かになっているということを語り聞かせてください。我々が我々の子どもたちに教えたこと、すなわち、大地は我々の母であるということをあなたがたの子どもたちに教えてやってください。大地に降りかかることは、大地の子らの上に降りかかります。地上につばを吐くことは自分自身につばを吐くことです。我々は知っています。大地は人に帰属せず、人は大地に帰属するということを。我々は知っています。すべての存在は結び合っていることを。血が一つの家族を結ぶように、そのように結び合っていることを。

しかし我々は、あなたがたがわたしどもの民に用意した指定地に行くようにという申し出を考えてみましょう。我々はそこで平和に過ごしましょう。どこで残りの人生を送るかは大した関心事ではありません。我々の子どもたちは、彼らの父たちが敗北の中で卑下するのを見てきました。我々の戦士は恥を感じ、敗北のあと怠惰のうちに日を過ごし、その体は甘味な食べ物と強い飲み物に汚染されました。残りの日々をどこで過ごすかは大して重要なことではありません。残り少ない日々です。もう少しの時間、もう少しの冬が過ぎれば、かつてこの土地に生きていた大民族の子どもたち、森の中で流浪している小部族の子どもたちは一人も残らず消えるでしょう。人間は、寄せては返す波のようなものです。

友が友にするように、その神がともに歩きともに語る白人でさえ、共通の運命から免れるわけにはゆきません。結局、わたしたちは兄弟たちかもしれません。あとでわかるでしょう。ただ一つのことを我々は知っています。白い人はいつの日か発見するかもしれません。それは、「我々のそれぞれの神は同じ神だ」ということです。彼は人間の神です。そして彼の憐れみは赤い人に対しても白い人に対しても平等です。この大地は神にとってかけがえのないものです。この大地を害することは、その創造者への軽蔑を積み重ねることです。白人もまた亡んでゆくでしょう。ある特別な目的のためにあなたがたをこの土地に導き、この土地とそこの赤い人々とを支配させた、その神の手によって燃やされて。この運命はわたしどもには神秘のベールの中にあります。なぜって、野牛たちが全部殺りくされたのも、野生の馬が飼いならされたのも、森のひそかな籠もり場に多くの人間の臭いが重く立ちこめるようになったのも、そして、らん熟した丘々がおしゃべりのための多くの電線で汚されたのも、我々には理解できないからです。茂みはどこ？　もう消えた。鷲はどこ？　消えた。足の速いポニーや狩猟に別れを告げるということはどういうことなの？　生きることの終わりで、生き残ることの始め。

我々の土地を買いたいという申し出を考慮してみます。もし我々が賛成するならば、それは、お約束になった代替地を確保することを意味します。多分そこで残された短い日々を、望むように生きられるのでしょう。最後の赤い人が地上から消え、彼の記憶が牧草地を通り過ぎる雲の影のようになったときでも、あの浜辺たちや森たちはわたしの民の霊を保っていることでしょう。なぜって、彼らは生まれ出た赤子が母親の心臓の鼓動を愛するように、この大地を愛していたからです。

だから、もし我々が我々の土地をあなたがたに売るなら、我々がこの土地を愛したように愛してやってください。あなたがたがそれを取り上げたとき、そのままの土地の姿を心に刻んでください。すべての力をもって、すべての思いをもって、すべての心をもって、あなたがたの子どもたちのために、そのままを保存してください。そしてその土地を愛してください。……神がわたしどもみんなを愛してくださいますように！

ただ一つのことを我々は知っています。それは、我々の神は同じ神だということを。大地は彼にとってかけがえのないものだということを。白人でさえ、共通の運命から除外されてはおりません。とどのつまり、我々は兄弟でありうるのです。今にわかるでしょう。

（訳者　押田成人）

これは百四十年前にインディアンの酋長が書いた手紙です。わたしたち日本人も、インディアンというと何か乱暴で文化が低いと思いやすいのですが、そのインディアンたちをリードしたこの高潔な酋長の思いを、特にこういう時代に思い出さなければならないでしょう。今日これを取り上げたのは、そういうインディアンの思いをみなで味わいながら、そういう人の中にあるキリストの教えを発見したいのです。大統領はアメリカの広大な土地の全体のプランを立て、その国土計画の下に何億ドルのお金を費やして開発をやっていくわけです。あそこにハイウェイを造るとか、あそこにダムを造るとか。そういう大きな開発の小さな一か所にたまたまインディアンの集落があり、それがひっかかっているからそれを買収しよう、追い出すのではなくて、お金を払い代替地を準備しよう。そこにはちゃんと住居を造り、電線を引いてテレビも見られる。車も買うことができるし、そばに酒場もあるし、いわゆる近代的な文明都市の中にインディアンを入れることは、彼らを開発して近代人に教育して幸せにしてあげることだ。だから胸を張って、人道的な見地からもアメリカの大統領の責任からも、堂々とやってのけようという方針だと思うのです。それは大所高所から見る姿勢で、インディアンを理解する心ではないのです。そこでこの手紙を初めから読みながら、味わっていきたいと思います。

3. 酋長の高潔な心の思い

この酋長さんの心は、その申し出を断ったら、結局は今までのインディアンの土地がそうであったように、最後は武力でとられ、多くの人が血を流す。だから、我々は「兄弟」なんだから、血を流すようなことはしたくない。部下のインディアンの中にも血の気の多いのが大勢いるから、ちょっとあやまると血が流れる。だから自分は責任者として、白人も兄弟とみて、同じ神さまの下に兄弟として流血の惨事は避けなければならない、というのが根本にあり、その上で、歴史の流れはどうにもならない運命の「命」として受けとめたのです。広大なアメリカという土地はたくさんのインディアンがいたけれど、次から次へと消えていって、そこにハイウェイができ、何十階の摩天楼が建って、そして、近代的な文明文化がそこを支配するようになった。そういう天命というか、運命というか、それに逆らうことはできない。それは受けなければならない。しかし、それを受けるにあたって、どう受けたらいいのか、そこに酋長の非常に苦しい思いがあって、流血の惨事を避けるということを守るためここを去るから、この土地に籠もっている我々の思いを、大統領さんよ、どうか忘れないでくれと、切々たる思いで語っているのです。そして、まずこの申し出は我々にとって不慣れなものだと言う。つまり金で土地を買うのは不慣れなこと。この土地は聖なるものである。聖なるものとはビジネスの対象ではないということです。一坪いくらとか、一エーカーいくらとかいうことで、けりがつくことではない。ところが白人は、おたくの土地は何エーカーあるから、これこれの代金でどうですか。しかも代替地がついているという取り引きの対象にするわけでしょう。それは不慣れなのです。インディアンにとって土地とは黒い土壌で、掘ればミミズやもぐらがいて、その上に草がはえて花が咲いていて、鳥が来て空には鷲が舞っていて、森の木立ちから光が射し……そういう中で自分たちは祈り、生活してきた。だから何エーカーとか、何坪という単位で計れないのです。もっと深い値打ちのあるもので、大気の新鮮さや水の輝きも、この土地のどの部分も、それは聖なるものです。聖なるというのは何か神がかった、神々しいというよりも、人間が軽々しく取り引きの材料にしてはいけない、そういうものなのです。だからあなたの考えはあなたなりに合理的でしょうが、しかし、我々には不慣れだと。さらに、この川の水はそれで先祖が渇きを癒やしてきた命の水、そこには先祖の血が流れている。川の流れ、それはいつも子どもたちがカヌーに乗って飛び回りながら、いろいろなことを覚えた子どもたちの教室であり、彼らを教育する生きた教室であった。そういう川にしろ、森にしろ、一つ一つが自分たちにとっては聖なる場所である。何エーカーいくらとか、代替地ということでは、全然話にのれない。別のカテゴリー、別の価値に属する世界なのです。違和感があるのです。

白人たちは死ぬと、故郷と別れると言うけれど、我々は違う。ここで生まれここで育った人たちは、そこに魂がいつも帰ってくるのだ、と。だから、鹿や馬や大きな牛もみな我々の兄弟で、全部がひとかたまりになって地上の命を養い、その中に人間の命が養われている。それをあなたは何エーカーいくらで売り買いしようというのでしょうか。しかし、今までの歴史をみると、インディアンは白人が上陸してからいつも侵略の前に退いてきました。いわゆるフロンティア・スピリット(開拓精神)で東から西へ進むのは白い人にとっては美談であり、彼らはいつもそのフロンティアをもって未知の世界に挑戦していきます。アメリカの魂を養ったという新天地の開拓は、白い人にとっては美しい建設の歴史ですが、インディアンにとっては、それはいつも白人の前に屈服し、山の霧が朝日の前に逃げるように退き、先祖の遺骨が埋められていく歴史です。白い人は我々の生き方を理解しません。彼らにとって一つの区画は次の区画の隣にすぎません。

あの人は何坪いくらで買って、いくらで売ったとか、要するに、その土地の内容は全然問題になりません。何坪で、いくらで、このくらい値上がりしたとか、その取り引きのようなものが、多くの知識人、大学を出た教養のある人のビジネスの内容になっているわけでしょう。すごく貧しいわけです。インディアンのほうは、一坪の土地だってそこには花が咲き、鳥が来て、水が湧いてきて、春夏秋冬いろんな状況を展開し、無限な豊かさを含んでいるのです。すると、どちらが豊かで、どちらが貧しいのか。わたしたち日本人もどちらかといえば、すっかり一坪いくらのほうになじんでしまっていて、子どもの幸福を思ったら、何坪の土地を確保しようとか、みなそっちのほうに流れているわけです。だからこの人が言うには、あなたがたはその母なる大地を買い取ったり、分捕ったり、また売り買いして、もっともっと、と進行していきます。そして、結局残るのは砂漠じゃないでしょうかと。だから我々の生き方とあなたがたの生き方は、どうも違っているようだ。あなたがたの造る都市の景観、すばらしいビルの世界は、赤い人の目を痛める。ちっとも美しいとは思わない。それは多分、我々が野蛮人だからでしょう。しかし、あの白人の都会には、静寂な場所が一つもない。春、木の葉の広がる音を聞いたり、虫の羽音に耳を傾ける場所がないではありませんか。我々は野蛮人だからわからないのかもしれない。しかし、我々から見ると、あんな騒々しい音だけの世界は人間の耳を侮辱しているように思われる。インディアンはむしろ、地上を走るやさしい風の響きや、昼間の雨に清められたロッキーの松の香りを運ぶあの風のほうがもっと大切なのだ。赤い人にとっては大気はかけがえのないものなのです。なぜかというと、木も動物も人間もみな、大気を吸っている。その大気をきれいに保つ。それが人間の心をきれいに保ち、この森をきれいに保ち、動物を生き生きとさせるからです。だけど、あの白い人たちは大都会を造って、あの悪臭の世界に生きていて、しかもその中で死んでしまったようになっているのに気がつかない。その無感覚。それはあなたがたが文明人で、我々が野蛮人だからなんでしょうか。だからこの土地を渡した場合には、どうかこの大気を守ってください。あなたがたの子どもたちのためには、このきれいな空気を壊さないでください。そしてこの土地を、白い人にとっても、野の花々の甘さを運ぶ風を味わいに行ける場所として、大事に保ってください。さらに、彼の苦しい怒りの体験を言うわけですね。

あるとき牧草地に行ったら、千頭もの野牛が殺されて腐っていました。そばにレールが走っています。きっとたくさんの白人を乗せて通った汽車から鉄砲でパンパン面白半分に殺したんでしょう。我々は生きるために最小限の牛は殺すけれど、そういうことはしません。しかし、白人たちよ、動物にそういうことをすれば、あなた方の間でもそういうことが起こりますよ。なぜかというと、生命はみな結びついているんだから。だから、あなたがたはあなたがたの子どもを大切にするならば、この大地を大切にしてください。そして、その大地に我々は帰属するのであって、我々が大地を帰属させるのではないということを忘れないでください。我々があなたがたの土地に行くとすれば、そこで平和に暮らしましょう。子どもたちは親たちの敗北を見るでしょう。しかし、自分たちも見てきました。いつもいつも、最後は屈服して屈従して立ち去っていったことを。そして、代替地に行くと、新しい甘い食物、強いお酒、そういうものにみな汚染されていって、そして、彼らも残り少ない日々を過ごしていきました。大民族も小民族も、やがてみな消えていくものです。そう思えば、我々インディアンという部族もその一つにすぎないのかもしれない。けれどあなたがたにわたしは言いたい。我々はもしかしたら兄弟ではないのだろうか。あなたがたの神さまと我々の神さまは違う神さまなのだろうか。いや、きっと同じ神さまだ。その神さまは人間の神さまなのだ。その神さまは人間を憐れみ、白人に対しても赤い人に対しても、きっと平等なのだ。だからこの大地を汚すということは、白い人も黄色い人も造った神さまのみ手を汚すことにならないのだろうか。しかし現実を見ると、我々の土地は次から次へと取られていって、この土地もいよいよ取られるときが来た。それはある特別の目的のために。つまりインディアンから見るとわからないけれど、きっと神さまなりに特別な目的をもっていらっしゃって、あなたがたをこの土地に導き、そこに住む赤い人を支配させた。その神さまのみ手によって、あなたがたはまた燃やされるときが来る。そういう運命は、わたしども人間の目には神秘のベールに隠されている。今、我々の目にはわからないけれども、この地上の宝を消していった民は、また消されるときが来るであろう。だから、そういう神さまのみ手を我々は信じて、あなたがたにこういうことを言っておきたい。そして、いよいよあなたの申し出に対して返事をするときが来た。そこに行きましょう。多分それは短い人生でしょう。そこでは生きるのではなくて、生き残るだけなのです。だからそうやってやがて消えていくでしょう。だけど消えていった後に、大地がわたしたちを記憶してくれるでしょう。その大地を、あなたがたはどうか愛してください。神さまが我々を愛してくださったように。そして、神さまのみ手の中に、白人も赤い人もみな同じ道をたどることがきっとわかるときが来るでしょう。

4．すべての文化は互いに学び合うべきもの

こういう手紙を読むと、次の疑問にぶつかるわけです。一体キリスト教って何なの

だろうか、と。こういう赤い人を潰していったのはキリスト教の神さまだとすれば、何かキリスト教の神さまよりも、インディアンの神さまのほうがいいのではないか。そして、近代人のおごりから開発援助しても、それは自分たちの生き方に相手を同化させることで、相手に対する愛の業ではなく、大変な思い上がりではないのか。それぞれの民族に、それぞれの生き方があるわけだから、それを尊ぶということが愛ということではないのか。しかし、飢えるのは不幸だし、病気は悲しいから、それは手伝わなければならないが、それは手伝いであって、こっちが主人になって相手を支配することではないのではないか。そういう問題を考えていきますと、そもそもキリスト教は何であるかという問題にぶつかってくるわけです。この酋長は土地を渡すわけです。なぜか。それは流血の惨事を避けなければならないからです。なぜ避けなければならないか。結局、我々は兄弟で、同じ神さまの下にいるのだから。だけど手放すにあたって、これだけは言っておかなければならない。神さまの計らいというのは、こういうことを許しても、平等だから必ず裁きがきますよ。その神さまの裁きは平等ですよ。だから神さまの裁きの前に、みなひれ伏さないと、今こっちが泣いているように思うかもしれないけれど、あなたがたが泣くときが来ますよ。そういう神のみ手にへりくだりながら、神の裁きの前に白も赤もみな頭を下げなければならないという、それはキリスト教そのものだと思うのです。

それから、すべては神のみ手によって造られたということです。ビルディングも小さなカヌーも人間が造ったと思っているけれど、もとをただしていくと、それを造った材料も、人間の知恵もみな、神さまから来ているのだ。だから、その神さまのみ手の中にあるものを、それにふさわしく使うことが人間らしいのであって、それを何坪、何エーカー、何円、何ドルという取り引きの材料にするというのは、インディアンにとって不慣れなことだけでなくて、人間性にとって不慣れなのではないだろうか。これもキリスト教に合っていると思うのです。つまり近代的な便宜的な社会は、貨幣というものを作って物々交換をやめたが、それは便宜的な手段であり、人間がそれを使うのであって、人間がそれに使われてはいけないわけでしょう。ところがその逆になってしまって、何エーカー、何坪、何円、何億円ということのために人間が愚弄されている。そういう逆現象をインディアンはちゃんと捉えていて、人間らしく生きるというのは一体どういうことなのか、と。こういう点も、このインディアンのことばの中にキリスト教がちゃんと入っていると思うのです。

人間の所業は相対的で、絶対的なものは何もありません。ヨーロッパ文化も、アメリカ文化も、日本文化も、インディアン文化も、それぞれ一長一短あるわけで、どれも絶対的ではない。相対的なものです。だから相対的なものは相対的なものとして、互いに学び合っていかなければなりません。そして、学問とか文化とか、みんな限界があるわけであって、それ以上のことは神さまの前にひざまずかなくてはならないという、そういう観点は、まったくキリスト教的だと思うのです。そうすると、キリスト教徒はただ感心だけしていて、恐れ入ったかというと、そうではないのです。そうではなくて足りないところがあります。そして、本来キリスト教というものは、このようなインディアンの言いたいことをちゃんと含んでいて、それを完成すべきものなのに、完成するほうに協力するというより、しばしば破壊するように動いていったのです。

ある人が、「今の世界の不幸というのは、十字架のないキリストを仰ぐ人たちと、キリストのない十字架を背負っている人に分かれる」と言いました。つまりクリスチャンという人の世界は、いわゆる近代的に豊かな世界になって、南米を別として、そういう世界では、みな非常に楽な生活をしていて、十字架はアクセサリーみたいになってしまっています。本当に十字架を担うのではなくて、それをアクセサリーにして、いわゆるキリスト教的文化の中に近代的なハイテクを駆使して楽な生活をしている。ちょっと余りがあれば、それを貧しい人に配ってやるということをするかもしれないけれど、自分の生活のど真ん中に十字架を据えて、それでキリストを礼拝するというのはなくなってしまったのではないか。それに対してインディアンのみならず世界の貧しい国々は、キリストというお方はそこには見えない。しかし、彼らは生活のど真ん中で十字架を背負っている。そういう二つの世界に分かれている。キリスト教の言いたいことは、十字架のあるキリストを我々は礼拝し、自分の生活のど真ん中で十字架を背負って、そこに前回申しましたように、天からの運命を心静かに受ける。そして、自分の責任で引き受け、愚痴なしに人のためにする。そういう生き方がキリスト教徒の中に定着してくれれば、世界は変わってくる。ところが今の世界はそうなっていないのです。そこで、そのようなキリスト教会の一員として、わたしはこのインディアンの酋長の前に脱帽しつつ、聖書を読んでみます。

5．イエスの賛歌

ルカ十章二十一節に「父への賛美」という題でこう書いてあります。

そのとき、イエスは聖霊によって喜びにあふれて言われた。「天地の主である父よ、あなたをほめたたえます。これらのことを知恵ある者や賢い者には隠して、幼子のような者にお示しになりました。そうです、父よ、これは御心に適うことでした。すべてのことは、父からわたしに任せられています。父のほかに、子がどういう者であるかを知る者はなく、父がどういう方であるかを知る者は、子と、子が示そうと思う者のほかには、だれもいません。」

それから、イエスは弟子たちの方を振り向いて、彼らだけに言われた。「あなたがたの見ているものを見る目は幸いだ。言っておくが、多くの預言者や王たちは、あなたがたが見ているものを見たかったが、見ることができず、あなたがたが聞いているものを聞きたかったが、聞けなかったのである。」（ルカ 10・21～24）

理解するというのは、英語でアンダースタンドと言います。つまり、under（下に）stand（立つ）ということです。下に立ってこそ見える世界を見ているのです。上に立っている人は、何エーカー、何坪、何億円というそれしか目に入っていません。だから人生の本当の深みはわからないのです。下に立っている人は、小さな木の葉の輝きとか、その中にダイヤモンド以上の輝きを見る目があるわけです。そういう豊かさの中に生きる目をもっているのです。そのような意味で、このイエスの賛歌は、インディアンたちのもっている幸せに対する賛歌でもあると思うのです。父の本当の英知、輝きは、子を通じて示されるのです。その御子は十字架にかかったイエス・キリストです。そのイエス・キリストの死にざまこそ神の姿なのです。ゲツセマネの園でイエスが血の汗を流しながら「願わくは、この杯の去らんことを」とおっしゃった。この運命はあまりにもひどい。できるなら、この杯を取りのけてください、と。しかし自分の望むことではなく、あなたの望むままにと言って、そこに自分をゆだねられました。十字架上では「わたしの神、わたしの神、どうしてわたしを見捨てられたのですか」、なぜこんなことをお許しになるのですか、と。しかし、これが最後ではなくて、「御身のみ手にわたしをゆだねます」と最後に言われました。そこに突破口があり、そこに神がいらっしゃったのです。そこにあの酋長も立っている。このことがあの酋長さんに伝わっていたら、もっと深い肯定をもって、その痛みを受けられたのではないか、と思うのです。

大統領のほうは自分たちのやっていることを知らないわけです。ですから、恨みつらみを言って死ぬのではなくて、十字架にかかった自分を処刑する人たちを見て、「主よ、彼らはなすことを知らないのですから、許してやってください」とイエスが言われたと同じように、大統領も含めて白人たちはクリスチャンだけど、キリスト教がわかっていないのだから許してください、と。本当のキリスト教は何であるか、それはイエスとともに死ぬことが、永遠の生命に復活することなのだという、そういう死を天よりの「命」として酋長は受けて帰天したのだ。それが今日のわたしの締めくくりです。

6．苦しみの中で神の愛が分かる

次にその十字架上の死という問題についてお話ししたいと思います。ブラジルに行ったときのことです。ブラジルの子どもの歌でこういうのがありました。

もしわたしが苦しまなかったら
どうしてイエスさまの苦しみがわかっただろうか
もしイエスさまが苦しまなかったならば
どうして神さまの愛がわかっただろうか

単純な歌です。だから自分が本当に苦しんだ経験がなければ、何で神さまがあのような死に方をしたのかわかりっこないのです。自分の苦しみの中で、この酋長のように「なぜ神はわたしを見捨てられたのか」と言う。しかし、それが終わりではない。「願わくはこの杯の去らんことを。」しかし、それも終わりではない。それをとおって「されどみ旨のままに、御身のみ手に」と言う。その「されど」ということの重さですね。それがわかったときにキリスト教はわかると思うのです。ブラジルの子どもの歌でも、そういうことを歌っているわけですから、キリスト教の中心は全然難しいことではなくて、苦しみの中でキリストの苦しみがわかって、そのキリストの苦しみの中で神さまの愛がわかるという、そのプロセスです。そうすると、こういうプロセスというのは、クリスチャンという特別な人にしかわからないかというと、そうではないのです。

わたしは神学生のときにオーストリアのインスブルックという所にいました。オーストリアという所は、ドイツのナチスと戦って敗れた国で、わたしが行ったころはまだ貧しい国でした。そのときにウィーンに国際原子力委員会の代表部があって、日本からも代表がみえていたのです。その方は後に埼玉大学の学長になって亡くなられたF博士で、前から知っていたものですから、ウィーンに行くと、博士の所に遊びに行きました。ある日奥さんが、「粕谷さん、あなたには悪いけど、わたしはこの国に来てキリスト教が大嫌いになった」と言うのです。「どうしてですか」と聞いたら、この国はどこに行っても十字架があると言うのです。田舎の小道を歩いても、都会の大通りを歩いても、至る所に十字架が立っている。日本ではお地蔵さまが立っています。お地蔵さまの顔というのは、非常に童顔の童とか、見るも心なごむ顔なのだけれど、十字架は、あのむごい死刑囚の姿をさらしている。その宗教は、何と残酷な宗教かと言うのです。わたしは返すことばがありませんでした。

あるすばらしくいい天気の日に、F先生に誘われて、先生のベンツに乗ってウィーンの郊外をドライブしました。まさにウィーンの森の物語のような所を行きました。とてもきれいな丘の麓に来て、F先生が「ここはきれいだから歩きましょう」と、丘に登っていき、頂上に着くとすごい十字架がありました。本当に悲惨なイエスさまがかかっているのです。わたしは、これはまずい所に来たと思いました。せっかくいい思いをしてドライブしていたのに、奥さんがあのようことを散々おっしゃっているのだから、ご主人もそのような気持ちだろう、と思っていました。そうしたら驚いたことに、F先生がその十字架の前に立って瞑目《めいもく》しておられるのです。びっくりしました。何でこの人は十字架の前で瞑目しているのだろうかと。相当な時間、瞑目しておられた間、わたしは後ろに立っていました。そうしたら、先生が振り向いて「粕谷さん、うちの女房があなたにかみついているのを知ってますよ。何でかみつくかわかりますか」と言ったのです。「実は我々は日本を出る直前に長男を失いました。親の口から言うのは何ですけど、とてもできのいい、いい長男で本当に期待していたのです。それが外科の手術台で息を引き取ったのです」と言われたのです。F先生がその手術室に入ったら、長男が手術台の上で血にまみれて死んでいた。その瞬間に先生は、これは絶対に奥さんに見せてはいかんと思い、奥さんの手を引っ張って無理やり連れて帰ろうとしたら、奥さんが手を振り払い中に入って、それを見てしまった。「だから、うちの女房は十字架を見るたびに、長男の姿を思い出すんだ」と言われたのです。そのたびに、彼女の心は痛み、「それであなたにぶつかっていくんです。あなたにくってかかっているように見えるけれど、あれは実はすがりたい気持ちなんです。それがわかりますか」と言われたのです。「僕は、キリスト教は何も知らない。だけど今、国際原子力委員会で会議に出ると、自分の公の生活でも、人生というのは本当に残酷だと思う。人間社会は何でこんなに残酷かと思う。家へ帰って女房と顔を合わせるとまた同じように、何で人生ってこんなに残酷なのかと思う」と。だから公私両面で、人生は残酷だということを日々感じていると言うのです。そういう自分の心に平和を与えてくれる神さまがいるとすれば、それは笑顔の観音さまではだめだ。その残酷さをもろに示して、それを自分も知っているんだよ、という、それを一緒に味わってくれる神さま、その神さま以外に自分の心に平和を与える神さまはないと思う。自分はキリスト教のキの字もわからないけれど、わたしはこの十字架のゆえに、この神さまのほうに心を引かれる、と言われたのです。わたしはびっくりしました。

苦しんだ人でなければキリストの愛はわからない。キリストの愛がわからない人には神さまの愛はわからない。自分は自分の人生の「命」を素直に受け取ったか。七転八倒して逃げようとしなかったか。そのあげくの果てにあちこち当たり散らして、八方に愚痴を振りまかなかったか。そのとき自分の心の中に人のことを思う余裕はあったか。そういうことを全部含めて考えたときに、キリストのあの姿は、自分は何の罪もないのに、全部を受けてたった他人のための姿でしょう。そして「どうしてわたしをお見捨てになったのですか」という、天に向かってその思いを吐露されたけれど、同時にそれは最後のことばではなくて「御身のみ手に」と言われた、そこに突破口があった。そのキリストの死にざまにキリスト教は救いを見るわけです。もし赤い人の酋長がこの救いを知っていたら、ただ敗北主義的に、「代替地に行こう。そこに平和があって、車があって、テレビがあって、いつの間にか酒に溺れ、その中に落ちてゆくのではないか。それは生きるのではなくて、生き残るだけなんだ」という諦め的な見通しを克服し、白い人の世界に真のキリストをあかししたのではないだろうか。わたし自身はそのような苦しみにあっていないから、この酋長を批判する資格はないけれども、あえて言うならば、キリスト教というのは、そういう心意気を伝えるのではないのかと思うのです。

第三章　マザー・テレサに学ぶ

1．はじめに

わたしは十五年間海外協力隊の仕事をしたのですが、そのうちフィリピンで二年、マレーシアで三年過ごして、それぞれの任期の終わりにどんなことを感じたかということを最初にお話しししたいと思います。

フィリピンの帰途、タイとかいろいろの国に行きましたが、最後はラオスの首都ビエンチャンという町でした。ラオスは非常に熱心な仏教国です。ビエンチャンに行って隊長と会い、仏教的な世界を味わって日本に帰ったわけですが、日本に帰る前の晩の心境は、すごくわびしい気持ちでした。協力隊はお米の増産とか、ラジオやテレビの作り方を教えるとか、車を走らせるとか、いろんな技術協力をやっているけれど、それは果たして南の国の人たちを幸せにしているのだろうか。諸行無常という実感です。お釈迦さまは宮殿に住んで非常に幸せだったけれど、立派な家があって、きれいな奥さんがいて、いい子どもがいて、何一つ欠けたものがないのに、何か満たされなくて街中に行くわけです。一回目に行ったときに見たのは、生きるために働いて苦しんでいる人たちです。生きるためにあんなに苦労をしているというのを見たのです。二度目に行ったときには老人を見た。あんなに働いて、年老いたらあのようになるのか。三回目に行って病人を見る。うめいている人間を見ます。四回目にはお葬式にあう。結局人間は死ぬんじゃないか。生老病死という、生きる苦労、老後の厳しさ、苦しみ、病気、そして結局死ぬのではないか。そういう人生に何の意味があるのか、と。そこでお釈迦さまは出家するのです。生老病死という現実の前に人生は意味をもちうるかという、そういう気持ちが仏教の根本にあります。

フィリピンでの二年の協力隊最後のビエンチャンの夜は、何かすべてむなしい気がして、元気いっぱいに日本に帰ってきたわけではないのです。ところが二度目はマレーシアに行き、最後の体験はマザー・テレサとの出会いでした。だからすごく意気に燃えて帰ってきたのです。そういうふうに、フィリピンからの帰国時の仏教国における晩と、マレーシアからの帰国時のマザー・テレサによる締めくくりとの違いを、これから話していこうと思います。

2. マザー・テレサとの出会い

マレーシアにいたとき、海外援助というものの意味と、キリスト教を伝える意味という二つをいつも考え悩んでいました。例えば、クアンタンといってマレー半島の東側の小さな町―その沖で太平洋戦争のときに、イギリスのプリンス・オブ・ウエールズという軍艦が沈められた所―に隊長が何人かいたので訪ねて行ったときのこと。そのとき漁村で泊まった宿の少年との出会いのことは前にも話しましたが（第一章29ページ参照）、二度と来ない外国人客に対しての少年の心遣いに感動して、そういう心が今の日本にあるのだろうか。キリスト教の世界にもあるのだろうか。その少年はイスラムなのですが、そのへんはみな熱心なイスラムで、イスラムのもっているすばらしい光を味わうと、何でその世界に入っていってキリスト教を伝えるのか、余計なおせっかいではないのかと迷う。

もう一つは、そうやってみな、貧乏でも仲良く暮らしている所に入っていって、技術指導をして道路を作り、大きな車を走らせ、鉄の塔を建ててテレビを送ったり、モーターボートで魚を捕ったり、いわゆる近代化とか工業化ということを手伝うのが本当にいいのだろうか。日本のように近代化するよりも、こっちのほうが幸福なのではないか、その面でも疑問が出るわけです。だから宗教面と実際の活動の面で、自分のやっていることが本当にこのままでいいのだろうかという疑問をもったのです。

ところで、そのクアンタンのはずれにカトリック教会があって、フランス人でパリ外国宣教会のピーターという神父さんがいらっしゃいました。彼によれば、この地方はみな固いイスラムで絶対に改宗しない。中国系の人が混ざっていて、その中にはクリスチャンがいる。それにプラスして、最近クアンタンの港を大きく拡張する工事が決まって、入札したらフランスの土建屋さんがとって、その指導者の技術者が六家族来た。だからフランス人の神父さんにしてみれば、自分の国から六家族来たわけですが、その中からは一人も教会に来ないというのです。みなカトリックなのです。その神父さんはフランスから遠い辺ぴなマレーシアの田舎に来て、もう十何年も働いています。でも地元の大部分を占めるマレー人からは一人の改宗者もなく、それにそこに来たフランス人の六家族は誰も教会に来ないという現実の中で宣教しているわけです。だけど全然イライラしていない。実にさわやかな顔をしている。そして彼がわたしに一冊の本を示したのですが、それは『Something beautiful for God』という題のマザー・テレサの本で、日本では澤田和夫師が『すばらしいことを神さまのために』と訳して女子パウロ会から出されています。わたしは本の名をメモして、クアラルンプールで手に入れて読んだのです。それがわたしのマザー・テレサとの初めての出会いです。そこで思ったことは、あの神父さんを支えているものは、マザー・テレサの精神なのだと。つまり目に見える効果というものに全然こだわらない。自分の分担領域で何をやっているか、その何をやっているかということが大切なことであって、目に見える効果については全然頓着しない。そうすると、そのへんに、さっき言ったわたしの二つの疑問に対する的確な解答があるのではないかと考え、わたしはマザー・テレサに関する本などを探したわけです。

わたしは十月の末に日本に帰ることになったのですが、たまたまある朝『マレータイムス』という向こうの新聞を見ていたら、小さく、マザー・テレサがアジア宗教者平和会議でシンガポールに来る、と書いてあります。わたしは「これはしめた！」と思いました。そこで日本に帰る前に、それに間に合うようにスケジュールを組んで、シンガポールに行きました。さっそく会場のホテルに行ったら、会議の三日目だったのですが、ビラが貼ってあって「マザー・テレサの飛行機がインドネシアで出発できなくなったため、到着が変更されました。だから最後の集まりのときの話はありますが、その前のマザー・テレサを囲む集いはなくなりました」と書いてあったのです。でもとにかく間に合いました。そしてその翌日会場に行きましたら、マザー・テレサが着いたのです。アジア宗教者平和会議は、アジアの諸宗教者―仏教、イスラム、ラマ教、ヒンズー教など、日本からは立正佼成会、天理教など―が来ていまして、キリスト教はほんの一部なのです。本当に例外的な小さな団体がキリスト教で、他はみな他の宗教で、三百人くらいいて、そのごった返す休憩時間の会場に、マザーが到着し、連れてきたのはシンガポールにいる「善き牧者の愛徳聖母修道会」のシスターで、その院長さんはわたしを見て、「神父さま、ちょっと来てください。マザー・テレサはインドネシアに余儀なく数日滞在されて、全然ミサにも出ていないので、今、とてもご聖体をいただきたいと言っています。だから一緒にうちの修道院に来て、マザーにご聖体をあげてくれませんか」と言ったのです。すると一人のお金持ちそうな品のいい若奥さんが飛んできて、わたしが車で送りますというわけで、わたしとマザー・テレサとその院長さんと乗ったのです。そのとき、一つ忘れられないことがあります。一人の日本のお坊さんがやってきて、英語でマザー・テレサと何か話していました。内容はわからなかったのですが、マザーが言ったことばを一つだけ覚えています。「そこから先は神さまとその人の間の問題です。」いわゆる仏教やキリスト教の間でも、いろんな議論があるけれど、そこから先はその人と神さまの問題なのだという。そんな会話がひょっと入ってきた状態で車のエンジンがかかって出発し、善き牧者の修道院に着きました。ミサをささげ、ご聖体を渡そうとしたとき、大理石みたいにマザーのサリーのしわと顔のしわと手のしわがしーんとし、その姿勢は、静かな雰囲気でいっぱいでした。手はごつごつしていて、顔もしわだらけですが、その外観の中に深い静けさが満ちていました。食事はビュッフェ形式だったので、自分で取ってきて食べ始めたら、マザー・テレサが来てわたしの横に座ったのです。ふと見たら、わたしのお皿は山盛りで、マザーのお皿はほんの少しです。恥ずかしいけれども今更返すわけにはいかないので食べていたら、先ほどの運転をしていた奥さんが入ってきて、マザーに何かささやいています。マザーは立ち上がって出ていきました。わたしは食事を終え帰ろうと思って玄関に行ったら、さっきの奥さんが飛んできて「わたしが送りましょう」と言うので車に乗ったのです。彼女は前で運転しているのですが、運転しながら子どもがはしゃいでいるみたいにうきうきして、うれしくて仕方がないみたいでした。「どうしたのですか」と尋ねたら、「わたしはとてもうれしいのだ」というわけです。わけを尋ねましたら、こう言うのです。わたしはシンガポールの、ある名のある家の嫁で、代々カトリック信者で、信者と結婚したけれど、昨年離婚した。それ以来、自分は本当に罪深い人間だという思いでいっぱいで、自分の部屋にとじこもって外に出たことがなかった。夜など窓から星を見ると涙が出てどうしようもなかった。だから自分はそういう暗黒の生活をずっと続けてきたけれど、ふと新聞を見たらマザー・テレサが来ると書いてあったので、とにかくわけもわからず会場に飛んでいった。そして耳をそばだてていたら、院長さんがマザーをどこかに連れていくというから、図々しくも飛びこんでマザーを乗せ、修道院に着いて、また図々しくも食堂に飛びこんでマザーをつかまえ、短い時間だったけれどマザーが自分に「人生にはいろんなことがあるけれど、いつも希望をもって生きなさい。月は雲に覆われてもまた出るときが来るし、結局すべては神さまの恵みによってプラスになるのだから、希望をもって前進しなさい」と言ってくれた。そしたら何か雲がはれたような気分になって、久しぶりに顔を上げることができるようになった。だからうれしくてしょうがない、とはしゃいでいたのです。そのとき感銘を受けたのは、マザー・テレサというと貧しい人の中の貧しい人のために生きているという定評がありますが、それは金持ちを排除するのではなく、人間の痛み苦しみのあるところにいつも光をもたらす人なのです。シンガポールの最高の金持ちの奥さんも、絶望したときにマザーに会うことによって光を受けて立ち上がっていった。それが最初にマザーから受けた印象でした。

3. カトリック丸出しの講話

集会の最後の日に、マザーの講話を聞きました。それまでの中三日ほど、朝と晩にいろいろな宗教の典礼を見ることができました。たくさんの宗教者が来ていて、今日はイスラムとラマ教、夜はカトリックと立正佼成会というふうに、朝晩二つずつ紹介がありました。

例えばラマ教というのは、お坊さんが褐色の衣を着ていて片肌を出しているのです。祈りに英語の説明がついていて、あの祈りは神に向かっているのだけれども、片肌脱いでいるのは、いつでも人間の必要があったら立ち上がるという姿勢である、だから人に仕えることと神に仕えることとは同じというしるしなのだというのです。なんだ、それではキリスト教と同じではないか。ヒンズー教を見ていると、たくさん香をたくのですが、説明を聞いていると、神の恵みというのは天上高くあるだけでなくて地上のすみずみに浸透していくもので、それが香というシンボルになっているのだというのです。すると、それはキリスト教と同じでしょう。天の神の恵みは、地上のいちばん深い所に入っているということで、同じではないかと思うわけです。次にイスラムをみると、帽子をかぶって祈るのです。あれは、祈っている最中においても、人間は人間です。神さまではないのだから、おまえは低いのだぞという、その低さを表現するために頭の上にものを置いているのです。実はキリスト教の祈りも、礼拝というのはぺたんこになることで、そうしますと形は違ってもみな似ているのではないかということになります。すると宗教無差別論みたいになるのです。そもそもアジア宗教者会議の趣旨も、宗教はヨーロッパに行って敵対的になって戦争したけれど、アジアでは宗教は仲がいいから、もう一度アジアで相互理解して、世界の平和の原点にしたいということでした。典礼の行事も差を強調するのではなく、みな同じ精神で、その所属する風俗・文化・民族によって違う形でやっているのだという印象を与えるわけです。

最後に終会式で、マザー・テレサが壇上に上がりました。わたしは何を話すのかなと思いながら、予想では宗教無差別論からみな仲良くしましょうという雰囲気ですから、あまりキリスト教とかカトリックを出さないで、要するにヒューマニスティックな愛とか人道とか、そういうレベルでの話ではないかと思ったのです。ところが、壇上での第一声にびっくりしたのです。「わたしは毎日二つの聖体拝領で生きています。」聖体拝領というのはカトリック丸出しでしょう。キリスト教の中にも聖体をもたないプロテスタントはたくさんあります。これはカトリック丸出しではないか、どうなるかと思ったわけです。「わたしは毎日二つの聖体拝領で生きています。一つは朝、祭壇からパンの形でいただいています。二つ目は街中で貧しい人の中でいただいています。この間、わたしが歩いていたら溝に何か落ちていました。引き上げてみたらおばあさんで、体はネズミにかじられウジがわいていました。連れて帰って体をきれいに拭いてあげて抱いていたら、おばあさんがぱっと目を開いてわたしを見て、『サンキュー』と言って静かに息を引き取りました。その顔は、それはそれはきれいでした。」それはとても美しかった、という、そのビューティフルという声が会場を圧倒したのです。みな、おばあさんの静かな臨終の顔が見えるような気がしたのです。そしてマザーが言われたことは「あのおばあさんはご聖体でした。聖書に書いてあるように、神さまはミサのパンの中にいるとおっしゃったと同じように、飢えた人、凍えた人、見捨てられた人の中にいる。キリストのみことばはすべて真理なのだから、朝のごミサのパンの中にいらっしゃるイエス・キリストは、同じようにおばあさんの中にもいらっしゃるのです。そのおばあさんの体でわたしは第二の聖体拝領をしました。」この主の体をいただく喜びを分かち合っていくというのが、「神の愛の宣教者会」、わたしたちの修道会の精神なのだというのです。それは歯をくいしばって辛いことをすることではなく、喜びを分かち合うこと。その喜びの内容は、主という最高のものを拝領するということ。朝のパンの中から力をいただき、午後のパンの中から感謝をいただき、そういう生きた交わりの中に、わたしたちの生活は回転しているのだという。

その会議の議長はマレー大学の有名な副学長でイスラムの学者だったのですが、マザーの話が終わってみながしーんとしていたとき、こう言ったのです。「わたしは自分の気持ちを言うならば、この会議をここで閉じたい。みな、マザーの言われたことを胸に秘めて、静かに自分の国に帰るのがいいと思う。それが自分の本心です。しかし、議長の責任がそれを許しません。これから大会宣言の起草とか、分科会のリポートをしなければなりません。だから自分の気持ちに反して、この終会式を続行します」と。イスラムの立て役者がそれほど感動した力がどこから来るのかというと、カトリック丸出しでありながら、誰もカトリックということを感じなかったというところだと思います。それが本当の寛容というものであって、寛容というのは、自分の信仰の色を薄めてみなにこれならいいでしょうというのではなく、その真髄が本当に生きていれば、それはすべてに通じるものだということです。そこにわたしは感動して、そのまま日本に帰る気がなくなり、マザー・テレサを追っかけて一緒にコルカタに行ったのです。それが十一月の初めで、十二月三日までいました。十二月三日にコルカタを出てネパールに寄って日本にもどったのですが、コルカタで何を学んだかということを次にお話しします。

4. 誰からも必要とされていない孤独

コルカタでは、イエズス会の修道院に泊めてもらってマザーの所に通いました。まず行った所は「死を待つ人の家」で、ここは路上で倒れて死にかけている人を連れてきて、収容して手当てもするのですが、目的は病気を治すことではなくて、よい終わりを全うするのを助けることです。この部屋の三倍くらいの所にベッドがずらりと並んでいて、だいたい満杯で、シスターとボランティアが面倒を見ています。何をしているのだろうか、どうせ死ぬのであれば、路上で死んだってここで死んだって、たいして変わらないのではないか。余計なおせっかいではないか。するとすぐ考えるのは、マザーはカトリックだから、死に際にカトリックの洗礼を授けたいということだろうか、そして天国にたくさん送りこみたいという死に際作戦、天国泥棒ともいう、それを手伝っているのかと思ったわけです。それでは新しいといったって、たいして新しくないなと。ところが全然違ったのです。

わたしがマザーに「あそこに来た人に洗礼を授けますか」と聞いたら、「まず宗教を尋ねる」と答えたのです。ヒンズー教だったら、ガンジス河の水をかけ、イスラムだったらコーランを読んであげる。つまり、その人の宗教をそこに生かすわけで、何もなければ洗礼を授けたいと思う、と。しかしどこまでも本人の宗教を中心にして考えてあげて、決して死に際作戦ではないのです。わたしは意地が悪いから、また、「マザー、もしあなたが洗礼を授けた人が元気になって出ていったら、あなたは追っかけていって教会へ行き、手続きをするんですか」と聞いたのです。そしたらマザーは「しません。そこから先はその人と神さまとの間の問題です」と答えました。なるほどと思いました。やはりそれは本物だと思ったのです。そして「なぜここに連れてくるのです」と聞いたら、こう言ったのです。「今の時代のいちばん大きな病というのは、自分は誰からも必要とされていないという孤独です」と。

わたしは望まれていない、わたしは必要とされていない。だから行き倒れの人が空腹で倒れているのは事実だけれども、それは直接原因であって、本当の原因はそこにはない。家が貧しい、自分は年を取ってしまった、病気になってしまった、だから家族の足手まといである。家族も飢えている。だからここにいても喜ばれない、望まれていない、消えたほうがいい。そういって、出てくるのです。出てきた結果、空腹になって倒れるのが行き倒れであって、本当の原因は、自分は誰からも必要とされていない、誰からも望まれていないという、その孤独に耐えかねて、ということなのです。ところが聖書を見ると、誰からも必要とされていない、見捨てられた人の中にこそ、主はいるとおっしゃった。だから、そういう人にふさわしい場で天に送りこむ。その人の中に主を見る。あなたに会ってうれしいという。そのような出会いを臨終の場で実現したい。それがその人にとっての「ありがとう」になるのです。だから、臨終のときに感謝して死ねるのを手伝うというのは、最高の奉仕だと思うのです。どんな金持ちでも、どんなに立派な病院にいて、豪華な死を遂げても「本当にありがとう。わたしの人生はよかった」という感謝に満ちて息を引き取るのか、むなしい孤独の中に息を引き取るのか。マザーのねらっていたことは、見捨てられた人たちの最後に、主にふさわしい場を備えて、安らかにこの地上を去るのをお手伝いすることです。今の地上の最大の病気は、自分は誰からも必要とされていないという孤独病だというのは本当だと思います。

日本に帰ってきてみても、新宿や銀座には酔っ払いがたくさん倒れています。行き倒れの数はコルカタくらいいると思うのですが、日本の行き倒れは、お腹いっぱいでもアルコールで倒れているのです。何でアルコールを飲むかというと、酒でも飲まなければやりきれないという人が多いわけです。倒れてしゃべっているのを聞いていると、「あの社長のバカヤロー」とか、押さえつけられた鬱憤を酒の勢いに任せて怒鳴っている。肩をたたかれて「おまえはもう必要ないよ」と言われたときに、そのやるかたない鬱憤を爆発させているわけです。日本の老人問題を考えてみても、物的条件はどんなに恵まれていても、自分はもはや誰からも必要とされていないという孤独を味わったときに、それをどうするのか。会社経営にしてみても、新しいハイテクの技術が導入されると、今までのその道の専門家はその日からいらなくなるわけです。若手が上がってくるでしょう。自分の部下だと思ったのが急に上がってきて、「あんたはいらない」と肩をたたかれたら、「もうわたしは必要とされていない」ということです。窓際に座って月給をもらって帰ってくるのでは、やるかたない孤独です。だからマザーの言いたいことは、神さまはすべての人を必要としているのだ、いらない人は一人もいないのだということで、それをヒンズー教徒に実感させようと思えば、ガンジス河の水をかけ、イスラムにはコーランを読んであげる。その中に父の愛を示しているのです。アラーの神と表現は違うけれども、あなたの生命を生み、支えた御父は、あなたを愛しいと思っているのだよ、ということを伝えるわけです。そこにキリストの教えがある。イエスの教えは、天の御父は一人ひとりを愛しておられて、そのために御子すら惜しまれなかったということなのですから、それを各自の宗教を通じて実感させているわけです。それを完成させるものに、秘跡というものがあるのです。だから聖体拝領もその一つであって、そういう精神で生きるのがキリストの神で、それを聖体という形で残されたのですから、それを受けた人間は、それをバネとして生きてゆくのがいいでしょう。そして、それを一人占めしないで、みなに分け与えるように宣教すべきでしょう。そういうことをことばではなくて、実行で生きているマザーに引きつけられるのです。どういうふうにかと言いますと、マザーに聞いたのですが、コルコタの医学部の女子学生が、ヒンズー教徒なのですけど、あの会に入会を申し込んだ。ヒンズー教徒ですよ。それがシスターになりたいと言ったのです。そのくらい召し出しが多いのです。それはやはり今の時代の必要な部分に手が届いているから。そこにボランティアとして協力すると、その延長線上でもっと徹底したいという方向に行くのです。

もう一つコルカタでびっくりしたのは、マザーがあちこちで自然的な家族計画をしているのです。とても立派に聞こえますが、実は汚いテント小屋なのです。そのテント小屋があちこちにあります。産児調節の方法を教えているのです。産児制限と産児調節は違います。制限は子どもは負担で、ないほうがいいという否定的な見方を前提として、それをコントロールするのです。調節というのは、子どもは大切な宝だから立派に育てる義務がある。だからあなたの経済力をも含めた力を考えて計画しなさい。その能力に応じた数を産み育てるのが正しいのだ。たくさん産めば産むほどいいというのではない。ただし、調節する方法にはしていい方法と、して悪い方法とがありますよ、という。ここでマザーがねらっているのは、していい方法を教えようというのです。それは彼らの体験からくるものです。貧しい人たちと一緒に生活をしてみると、インドでもそうですが、家が貧しいので、電気も何もない。もちろんテレビもありません。家は早く暗くなってしまい、他に何の楽しみもないから、若い男女の楽しみはセックスだけになり、早く結婚し、若いから受胎率が高く、子どもが増えるわけです。さらに保険制度がないから、たくさん子どもをつくったほうが自分の老後が安定します。幼児の死亡率が高いから、たくさん産んでおかなければ、生き残らない。だから、結果的に子どもが増えて、育てられなくなると教会か寺院の入口に置いてきたりするのです。だから、マザーは、天下晴れて何の心配もなく夫婦の交わりを遂げながら、良心の安らぎをもって子どもの数をちゃんと制限できる方法を教えることが愛であると考えました。

テントに入ってみると、若いシスターがインドの女性たちに、図解とか、体温表とか、周期的なカレンダーの方法とか、粘液法とかを文字の読めない人たちに教えています。神さまに仕えるシスターが、夫婦生活のいちばんデリケートな部分を図解しながら説明するなんて、あまりシスターらしくないと思ったら大間違いで、そういうところに踏みこむことこそ愛の道である。そこがマザー・テレサなのです。わたしが見に入ったら、「神父さまも勉強したいのですか」と言ってにこにこ笑っているのです。みなとても明るく、シスターが貧しい人たちに恵んでいるというのではなくて、一生神さまにささげ、結婚しないシスターの輝かしい瞳が、結婚生活で重荷を負っているお母さんたちに、その結婚生活のいちばん中心部を一生懸命教えているという姿が、マザー・テレサのすばらしさであり、今の時代を生きる愛の姿を見たような気がしました。

あるとき、新聞記者が来て、マザーにインタビューして意地悪い質問をしました。

「マザーのやっていることはすばらしい。しかし教会なんていうのは、豪華な建物をもって金持ちに奉仕していて、あなたがたのやり方と違うでしょう」とマザーに、教会に対する批判を言わせようとするわけですが、マザーはそれに対しても、実にうまく答えてそれにのらない。「わたしはある日、神さまの特別な光を受けて、新しい道を踏み出していきました。しかしそれは自分の勝手で私的な思いつきではなくて、ちゃんと神さまの前に認められた公正な道でなければならないと思いました。ローマに願いを出したら、ローマのパスポートがすぐ来たんですよ。」ローマのパスポートということばでうまく逃げるのです。すると記者はまたこう言うのです。「マザーのやっていることはすばらしいと思うけれど、世界の貧困を考えたら焼け石に水ではないか。もっと社会構造を変えるとか、貧困の原因を構造的に直さなければ、そこから生まれてくる貧者だけを拾ったって意味はないのではないですか」と。マザーは「そのとおりだと思います。大海の一滴を拾うようなものだと思いますが、大海も一滴からなっているでしょう。一滴一滴の大切さを知らないと、大海も救えないのではないですか。だからわたしは一滴のほうをやっているのです」と。記者はそれでも続けます。「でもあなたの一滴のやり方を見ていると、貧しい人を甘やかしてだめにするのではないですか。訪ねていって、物をあげたり、いろいろ手伝ってあげたりしていると、貧しい人は自分で頑張って立ち上がろうというよりも、マザーの愛の手によりすがって、結果的には貧しい人をスポイルするのではないですか。」そのときのマザーの解答が実に傑作でした。「そうなんですよ。だけど、今の世界には金持ちをスポイルするところはたくさんあるでしょう。だから貧しい人をスポイルするところが一箇所くらいあったっていいんじゃないですか。」言い方が実に自然で、ちょっとユーモアがあって、けろっとしているのです。しかし聞いたほうはそれ以上声が出ないのです。新聞記者の負けです。

わたしも意地が悪いので、マザーの会にどこか弱点があるのではないか見つけようと思って、泊まっているイエズス会の神父さんに尋ねました。みな異口同音に、マザー・テレサという聖者の光があんなにたくさんの人を呼び集めた。だからマザーが死んだら、あの会は崩壊するだろうという意見が多かったのです。わたしはまたその足でマザーを訪ねました。いつも圧倒されるのは、何を言ってもマザーはにこにこしていて全然緊張しないのです。マザーの両側の二、三人のシスターもにこにこと笑っています。「わたしは修道会を作ろうと思ったことはありませんでした。ヨーロッパの田舎に生まれて、十代でシスターになろうと思い、ミッションに行きたいと望み、友人の入った修道会がインドに行っていると聞いて、その会に入ってインドに来ました。それから十数年たって、コルカタの学校の先生をして、終生誓願を立て、平凡な一シスターとして生きてきました。」平凡なシスターの一人だった彼女はある日突然、第二の召命を聞いたのです。それは「おまえは正門から出入りするお嬢さんのためではなく、裏門に続くあのスラムの子どもたちのためにこれから生きなさい」という声でした。予想もしていなかったのですが、同時にそれは、それに従わざるを得ないほどはっきりしていました。どのようにして従うか、後は方法論だけでした。目上に話し、コルカタの司教様に話し、ローマの許可を得て、ベールをとって、二百円くらいのお金をもって家を出ました。三十九歳のヨーロッパの女性が、単身でインドのスラムに入っていったのです。神さまの声が自分を促しているのだから、彼が道を開いてくださる、それについていくだけ、その気持ちだけで何の心配もありませんでした。

そうしたら、子どもたちが集まってきて、そこに一つの施設が生まれ、昔の教え子がだんだん集まってきて若い女性の集団ができました。いつの間にかそれが修道会の形態になり、「神の愛の宣教者会」が生まれたのです。

ローマのパスポートは意外に早く来ました。マザーはこう言うのです。「だから神父さん、わたしは修道会を作ろうと思ってはいませんでした。自然にこういう形態になったのです。貧困がこの地上にある限り、その貧しい人の中に主を見る姿勢で仕える人がいる限り、この修道会は続くでしょう。しかし、もしこの地上に貧困がなくなったとすれば、またあったとしてもそういう精神を失ったとすれば、この修道会は消えるでしょう、それでいいのではないですか」と。自分が初代で、誰が二代目で、三代目くらいで基盤ができて、全世界に広まってなどということは全然考えていません。そういう精神でやっていく限り続くでしょう。その精神を失えば消えるでしょう。精神が消えて形だけ残るのがいちばんいけないと思っているのです。単純明快です。それが創立者の魅力、カリスマというのでしょうか。自分の創った会に執着していない。それが本物の力で、圧倒されました。

いよいよ十二月三日、わたしの帰るときが来ました。「ここにいるとわたし自身もとても生き生きとして、司祭として張りがある気がしますけれど、東京にもどると全然別の世界が待っていて、いつの間にか先進国のムードに巻き込まれていくのではないか、そしてだんだんふやけてしまってだめになるのではないかと思うのです」と言いますと、マザーはにっこりと笑って「ファーザー、寂しい人というのはコルカタだけじゃないですよ。東京にだって、ニューヨークやロンドンにだってたくさんの寂しい人がいるのです。必要とされていない孤独なんて、大都会のほうがもっとひどいですよ。あなたが東京に帰ったときに、そういう人があなたのもとに現れたら、あなたの笑顔で、あなたの態度でその人を満たすようにしてあげなさい。そうしたら、東京だって、いくらでもすばらしい生活ができます」と言われました。実際、そのとおりです。むしろ、東京のようなところは本当に孤独な人が多い。そして人間同士が傷つけ合って、それをどう乗り越えていけるのか。その孤独に耐えられなくなってコルカタに行ったら、それはむしろわたしのほうの妥協だと思うのです。そういうマザーの教えはわたしの中に深く根づきました。

わたしに精神的に大きな影響を与えたのは、神学校時代に勉強したカール・ラーナーという神学者です。マザー・テレサは学者ではないけれど、わたしに同じことを教えたのです。ひとことで言えば、キリスト教とは何かということで、両方とも教えてくれたことは、結局キリスト教というのは生き方の中にあり、理屈をいくら知ったって分かるものではないということでした。それからわたしはコルカタを出て、ネパールに行き、協力隊の隊員にコルカタの話をしました。クリスチャンは一人もいなかったけれど、みなよくわかったのです。「いや、粕谷さん、分かるよね。臨終の人が『マザー、サンキュー』と言って息を引き取ったというあれは、『まぶたの母』っていうやつだろう」というわけです。「ぼくたちはネパールに来て、いろんな技術指導をやってるけど、これは本当にこの国の人に役立つのか、お米が倍取れたとか、目に見える効果はあるんだろうけれど、それが幸せに結びついているかというと、そのいちばんのキーポイントに関していつも疑問が残っている。だけど、死にかけの人間に『生まれてきてよかった』と言って息を引き取るのを手伝えるのは、最高のサービスだ」と言うのです。「これ以上のサービス、これ以上のボランティア運動はない」

と、キリスト教徒でない日本の青年たちがみな認めたのです。

わたしがそこでも感じたのは、教会に青年が少ないというけれど、こういうキリスト教の精神をわかる人はたくさんいるということです。どうしたら、もっと生き生きとわかるようになるのか。そこが何か欠落している部分で、それを伝えなければならない。マザー・テレサの修道院の出口の汚い壁には、二つのことばが書いてあります。「もう少し信頼を」、「もう少し恐怖心を減らして」、もう少しということ。例えば、日本に難民労働者や難民が来るでしょう。いろいろな差別があります。そういう異質なものにぶつかったときに、人間は一瞬ショックを受けるわけです。あるカトリック大学の女子学生が、デパートでエレベーターに乗ったら、わっと黒人が来て、その瞬間に「こわい!」と思った。またあるカトリックの高校生が、ホームステイでアメリカに行ったとき、その家が黒い人で、主人が帰ってきて、ウエルカム(ようこそ)と手を広げたら彼女はすくんでしまって、ホームステイがだめになった。一瞬、異質なものに触れたときに、本能的に感じる恐れを減らしていく。いきなり、ゼロにするのではなく、もう少し減らして、もう少し信頼を高めていく。それを日常生活の中で実行していく。例えば、電車に乗ったときとか、街角でそういう人に会ったときに何かできることはないか。いきなり自分の家に連れていくことはできないが、道に迷っていたら「どこに行くんですか」とか、電車の中でしたら、「どこで降りるんですか」とか、そういうことから出発して、今日本の直面している大きな問題を乗り越えていくということが、いちばん大切なことではないでしょうか。

5. マザーの二つの聖体拝領

最後に聖書にもどりたいと思いますが、マザーの言われた二つの聖体拝領というのは、まさにカトリック丸出しです。わたしは生まれて初めて修道院に行きミサに出たときのことを思い出します。戦争中で非常に軍国的雰囲気だったのですが、黒い服を着たシスターが前に出て聖体をいただいているのを見たとき、わたしと弟は「何だ、金魚が〝ふ〟を食っているみたいじゃないか」と言ったのを覚えています。全然神々しいとは思わなかった。何か異様なことをやって、今どきどうしてあんなことを近代人がまともにできるのだろうかと感じたのです。そういう聖体拝領ということを、マザー・テレサが諸宗教のど真ん中で語って、しかも誰も異様な感じを受けずに、それこそは自分の宗教のいちばん真髄をついているという印象を与えたのはなぜか。それは、マザー・テレサが言ったからであり、マザーの生活と、彼女の魂がその背後にあるからです。その背後の力と聖体拝領の関係については、ヨハネ福音の六章と十三章で語られています。

荒野でたくさんの群衆のいる夕方に、イエスが少年のもってきた五つのパンを裂いてみんなを満腹させるという記事が、ヨハネ六章にあります。それはちょうどユダヤ人の過越しの祭りのころであったという。その過越祭のころ、最後の晩さんが行われ、その席上で聖体が定められるのですが、それを準備するのが六章です。

「わたしが与える命のパンは、あなたたちの体を永遠の命に導く。わたしの与えるパンは実にわたしの体である」と言われ、イエスが「わたしは天から降《くだ》ってきたパンである」と言われたことに対して、ユダヤ人たちはつぶやき始めました。「何を言っているのだ。あれはヨセフの子ではないか。我々はその父も母も知っている。それがどうして天から降ったパンだなんて言うんだろうか。冗談じゃない。」そこでもしイエスが、「何も自分の体を与えるというのはそんなことではなくて、ただわたしの精神に従って生きることだ」と言えば、誰もつまずかなかった。

しかし、追い打ちをかけるように「よくよく言っておく。人の子の肉を食べ、その血を飲まなければあなたがたの内に命はない。わたしの肉を食べ、わたしの血を飲むものは永遠の命をもち、わたしはその人を終わりの日に復活させる」と、さらにだめ押しをされた。みなはますますわからなくなって、「これはひどい話だ。とても聞いていられない」と一人去り、二人去り、イエスは弟子たちに「おまえたちも去っていくのか」と問うと、ペトロは「あなたをおいて誰の所に行きましょう」と答えます。

このような長い準備があって、いよいよ最後の晩さんになります。ヨハネの十三章の冒頭に、過越しの祭りが来て、イエスはこの世から父のもとに帰る日が近づいてきたのを知って、この上なく弟子たちを愛し、限りない愛をお示しになりました。さて夕食のとき、いよいよパンをとって聖変化のことばを唱え、長い間準備した聖体拝領はこれなんだよという、その聖変化の部分がここから始まると思うと、ヨハネ福音書にはそれが出てこないのです。あれだけ長い準備をしておきながら、肝心なときに聖変化がヨハネには出てこない。何が出てくるかというと、一つ目はユダの裏切り、二つ目はペトロの裏切り、つまり弟子が裏切るという預言です。三つ目は主が弟子たちの足を洗われる。最後の一つは新しい掟をあなたたちに与える。わたしがあなたたちを愛したように、あなたたちも互いに愛し合いなさい。あなたたちが愛し合えばわたしはそこにいる。そこにわたしの命がある。これが聖体拝領なのだと言っているのです。世界最高の先生が、三年間手しおにかけて育てた弟子たちの、その先生の死ぬ前の晩の教育効果がどう現れたかというと、その一人は、この先生を売ったらお金をいくらもらえるかとお金を勘定し、あとの十一人は、どうせ、いなくなるのだから、次期総裁は誰かと派閥争いをしていた。お金と地位、この二つのために人間は世界最高の師を前にして争ったのです。これが教育の効果だったのです。その弟子たちに対してイエスは彼らの足を洗った。「今自分のしていることをあなたたちは理解できないだろうが、今にわかるときが来る。わたしがあなたたちに仕えたように、あなたたちも互いに仕えなさい。聖人君子に仕えるのではなく、天使に仕えるのではなく、人間に仕えなさい。人間とはこんなにエゴイズムが強くて、お金と地位のためには何でも平気でする。そういう現実を知ったときに、人間に仕えるほどばかげたことはないというのではなくて、その現実を知って、その人間の足を洗うんだよ」と模範を示された。相手が相手なら、こっちもこっちだというのではなくて、そういう人間の現実を知ってその人間の足を洗いなさい。これが新しい掟なのだ。それをするところにわたしの愛が生きるのだよ。ただそれは人間業を越えたものであるから、その力をこの小さなパンから受けなさい。食べられやすいように小さくなって、食べられて消えて相手を生かす。そこから力をくんで互いに愛し合いなさい。お互いに仕え合いなさい。その力をこのパンから受け取るのです。そこに聖体があり、聖変化があるのです。

マザー・テレサの二つの聖体拝領は、まさにそれを言っているわけで、朝の聖体拝領からその力を得て、日中の聖体拝領で人に仕えて、そこでまた新しい力を得て朝の生活に帰っていく。そこに天とのコムニオ（交わり）と人とのコムニオがある。その無私と奉仕が回転しだしたときには、イスラムも仏教もみな問題ではなくなる。むずかしい教義なんて言わなくても、そういう生き方に対して誰も反発する者はいないはずです。それをしないでむずかしい教義を言えば、必ずその教義に対していろいろ反発が来るでしょう。だけどそれを実行してやっていれば誰も反発するはずはない。問題は、そういう教えにわたしたちが本当に生きているかどうかで、それを、弱い人間が力を振り絞ってやるというのではなくて、この小さなパンになって来てくださる方の中から力をいただいて、そこから力をくんで人の足を洗う生活にもどっていく。これがマザー・テレサの根本精神であり、キリスト教の根本精神だと思います。

第四章　キリスト教徒（クリスチャン）とは――挫折の光

1. 生活のよりどころ

「一体クリスチャンというのはどういう人間なのか」「キリスト教を信じる人というのはどういう人間なのか」ということを、一般論としてではなく、挫折のあと、つまり人生で予定が狂ったとか、いろんな苦しい目にあったとき、どういう態度を取るかというその人の姿勢を通じ、キリスト教徒とは一体何なのか、ということに要点をしぼって、具体的な例でお話ししたいと思います。

教会には教会暦という暦があります。十二月二十五日のクリスマスは毎年変わりませんが、もう一つ大きなお祭りのピークは復活祭で、これは春の満月のころですから毎年変わります。復活祭の四十日前は灰の水曜日と言い、それまでの三日間、月、火、水をカーニバルと言います。「カルネ」というのは「肉」という意味で、「バル」は「お元気で」あるいは「さようなら」という意味です。「肉よ、さようなら」ということです。つまり、その三日間に肉を食べ、どんちゃん騒ぎをして、それでそういう楽しみはおさらばして、四十日間の断食と苦行の時に入り、復活に備えるというふうになっているのです。今はカーニバルのどんちゃん騒ぎだけをして、あとの難行苦行はないみたいになってしまったけれども、キリスト教の年間の暦の流れは、復活とクリスマスという二つのピークと、その間にもう一つ聖霊降臨祭があり、そういう大きなお祭りを軸にしながらキリストをめぐる出来事をお祭りするわけです。今日テーマに取りましたのは、年間暦の五番目の日曜日の朗読聖書です。教会は日曜日のミサの中で、弟子の手紙と福音の一節を読むので、その部分からさっき申し上げたキリスト教徒とは一体どういうタイプの人間をいうのか、それを垣間見てみようと思います。

聖パウロのコリントの信徒への手紙一の十五章に次のことばがあります。

みなさん、わたしがあなたがたに告げ知らせた福音をここでもう一度お知らせします。これはあなたがたが受け入れ、生活のよりどころにしている福音にほかなりません。どんなことばでわたしが福音を告げ知らせたか、しっかり覚えていれば、あなたがたはこの福音によって救われます。さもないとあなたがたが信じたこと自体が無駄になってしまうでしょう。最も大切なこととしてわたしがあなたがたに伝えたのは、わたしも受けたものです。すなわち、キリストが、聖書に書いてあるとおり、わたしたちの罪のために死んだこと、葬られたこと、また聖書に書いてあるとおりに三日目に復活したこと、ケファに現れ、その後十二人に現れたことです。（コリント一　15・1〜15）

クリスチャンというのは、キリストのことばを真に受け、それを生活のよりどころにしている人にほかならないと書いてあるのです。日曜日ごとに教会に行っても、キリストのことばが生活のよりどころになっていなければクリスチャンではないし、また、キリスト教の「キ」の字も知らなくても、実際のその人の生活を支えているものがキリストのことばであるならば、その人は知らずしてクリスチャンです。だから、その生活のよりどころが決め手だということなのです。ところで生活のよりどころになっているかどうかはどこで決まるかというと、聖パウロは「最も大切なことは……」と始まるのです。それは何かというと、キリストが死んで葬られ、復活して弟子に現れたことを真に受けることです。これは一体何を言っているのでしょうか。何を言っているかわからなくても、とにかく明らかに出ていることはキリストが死んだこと、そして復活したこと、これを真に受けるということが生活のよりどころになるということです。そんな人が二千年前に死んだって、この遠い日本に何の関係もない、冗談じゃあない、復活したなんて作りごとで、とても信じられない、と言えばそれまでですが、そういうことを真に受ける人間がいて、それが生活のよりどころとなるというのは一体どういうことなのか。ここで、そもそも教会とは何なのかということに関係してくるのです。キリストが死んで復活して十二使徒に現れた。つまり、十二人はそれを見たというのです。それで彼らの生き方は一変するのです。さらに次いで五百人以上の者にも現れたと。ここでキリストが死んで復活したことを目で見て間違いないと思った人たち、それが教会になるわけです。そして、時が流れ場所が変わっても、死んで復活したキリストというのは紛れもない事実だと伝えていくのです。それと一緒に、そのキリストは何を教えたのか、何を伝えたのか、という筋道でクリスチャンとは何かということを説明します。

キリスト教というのは生活のよりどころで、それをよりどころにして生きている人のことをクリスチャンといいます。そのキーポイントは、キリストが死んだこと、復活したこと、これらを真に受けること、これを見て間違いないと思った人が最初にいて、その十二人が核となりました。キリストは「世の終わりまでわたしは日々あなたがたとともにいる」とおっしゃいました。毎日、日常生活のど真ん中にでも一緒にいるのだという約束をされたので、それを真に受けて、それをよりどころにして生きている人間のグループがクリスチャンなのです。だから、信じない人から見れば、まるで夢みたいな虚構の中に踊らされている人間に見えるわけです。問題はそれが虚構かどうかということです。これからその問題に入っていこうと思います。

キリストの死と復活というのは十二人の弟子を中心とした地上の経験的事実でした。それは目で見、手で触り、声を聞いたという感覚的にキャッチできる事実でした。ところがその方が天に帰って、しかも世の終わりまで自分たちと一緒にいてくださるとおっしゃった。つまり天上との交わりを保証してくださったというこの部分は、なんだか雲に隠れていて虚構に見える。それを人間が憧れてみても、それは雲の上にあるものを漠然と見ている視線であって、「本当かしら」というのが残るわけです。この「本当かしら」という疑いを消して、「本当だ」と確信させることをあかしといいます。それはまぎれもない事実であると納得させることをあかしというわけです。だからある人がクリスチャンになるということは、この地上の経験の事実をバネとして、キリストという方をとおして天上の交わりに通じるのだ、それは虚構ではなく、単なる憧れとか視線でもなくて、まぎれもない事実なのだということを真に受けることで、そこにクリスチャンが誕生する。彼が本物かどうかは、その信仰をよりどころにして生きているかどうかということになります。これは理屈っぽい話になるので、その前に立花隆、大江健三郎の二人の対談をとおして説明しようと思います。

2. 超越界への突破

先日、テレビで立花隆と大江健三郎の二人の対談がありました。二人の話のテーマの一つは次の点です。わたしたちの経験する世界には、例えば自分の家庭の問題とか、政界、財界の汚職とか腐敗とか、スポーツ界ではオリンピックのことなど、地上にはさまざまな経験的事実があります。それらはわたしたちの手の届く地上の出来事の世界であり、諸行無常の現象界であり、手の届かない天上の超越界に対しては内在界と呼べるものです。そこから超越界に突破する道があるのかないのか、ということがこの二人の対談の一つの中心点でした。そしてその道を人間がどう表現したらいいのか、両人ともそれを摸索するのです。この地上の諸行無常のいろんな出来事の中にもみくちゃになりながら、その経験的な事実をバネにして超越界に突破できるのだ。その突破の部分を立花隆は、宇宙飛行士とか臨死の体験という、つまり人間の特殊な精神的な状況に求め、そういう状況の中で、人間は超越界を垣間見られるのではないか。だから死に臨んでいる特殊な人間の精神状態とか、宇宙飛行士が地球を遠く離れて、内在界の限界くらいまで行ったときにひらめくものが超越界への突破を生むのではないか、それが立花隆の見方なのです。わたしは、それはできないと思うのです。立花隆は頭でやっているわけです。頭の働きで、人間は超越界に突破できるというのが彼の立場です。少なくともできるかもしれないという可能性を信じてやっているわけでしょう。それは座禅を組んで瞑想するのではなくて、宇宙飛行士とか臨死体験という地上の経験の事実を集積して、それをバネにしていこうというわけです。

ところが、大江健三郎は全然違います。この人は頭ではなく、自分の全存在をかける心の中に、です。頭も入るのですが、頭も体も全部含めた心のバネで、です。これはどういうことかといいますと、彼の深い体験に基づくものなのです。彼は結婚して待望の子どもが生まれました。光君という長男が生まれたのですが、彼の頭の横に大きなコブがついていて、そのコブをとる手術をしたら、脳を傷つけられて障害児になってしまった。全く予想しなかった打撃を被るわけです。しかし目の前にいる我が子をどうしたらいいのか、それは常にさし迫った現実なのです。例えば、大江健三郎が海外の仕事が終わって成田空港に着き、迎えに来た奥さんを見た瞬間に、「何かあったな」とすぐわかるわけです。奥さんが非常に沈痛な顔をしていた。もちろん原因は光君のことでしょう。そして家へ帰る途中、奥さんがぽつりぽつりと話し出したのです。この両親は光君を幼児の養護施設に通わせていたが、お母さんがその前日に迎えに行ったとき、出てきた光君は目がつり上がって異常な形相をしていた。お母さんがちょっと油断をしていたら、光君がお母さんを突き飛ばし、お母さんは空を突かれたからひっくり返り、後頭部を打って脳振とうを起こし、頭から出血した。そばにいた男の子が光君を非難するようなしぐさをしたら、彼は腹を立ててその子を殴ってしまった。そばにいた光君の小さな妹が顔色を変えたら、げんこつで妹も殴ってしまった。そういう報告を帰国早々奥さんから聞いて我が家へ向かう。そのような試練の日々を過ごすようになります。しかし大江はその挫折に屈しないで乗り越えようとするわけです。やがて光君は音感に鋭敏であることを発見し、音の面からアプローチして軌道にのせようとする。その一つとして、ＮＨＫが放送した野鳥の声をテープにとって家の中に流し、鳥の声を通じて鳥の名を伝え、光君に外界の事実への通路を形成しようとしました。その数日後、お父さんが光君と軽井沢の山の中を歩いていたら、クイナという鳥が鳴いたのです。そしたら光君が「クイナです」と言った。お父さんはびっくりし、信じられなかった。空耳かもしれない、何か勘違いかもしれない。しかしもう一度クイナが鳴き、光君が「クイナです」と言ったら、これは本当に奇跡だと思った。そうしたらもう一度クイナが鳴き、光君が真面目な顔をして「クイナです」と言った。そのとき、大江健三郎は、「わたしの心の中に新しいことが起こった。今までと全く違う別のことが自分の心の中に生まれた」と。彼の書いた本に『新しい人よ、目覚めよ』というのがありますが、人間は新しい人に目覚めなければいけない。そこに経験的な内在界だけではなくて、それと交わっている超越界があるのだ、それは虚構ではなくて実在するものなのだ、それとの通路があるのだということを大江健三郎は言っています。そして自分のすべての作品を支えているのは光君であると。

　彼の文学者としての数々の作品を支えているのはこの子である。この子は単にネガティブな不幸な負い目ではなく、自分の根幹を支えるところの「光」である。単に挫折の克服というネガティブなものではなくて、これこそは自分の人生に意義を与える積極的な価値なのだ。そういう突破口を大江健三郎は光君の存在に見ているわけです。そこに生きるよりどころを見ている。だからキリスト教は何かと考えるとき、大江健三郎の場合は光君がいるわけです。人間にはみなそれぞれに光君がある。それはその人のもって生まれたものの場合もあるし、家族関係とか、会社関係とかいろんな諸行無常の地上のとげがその人の心を突きさし、ひっかき回したりする。そこで人はダウンし、挫折する。しかしそれが終わりではなく、突破口にすぎないのです。その次のステップがあるのです。それは何なのか、それがキリストの復活に結びつけばクリスチャンになるわけです。しかし、結びつくか結びつかないかは別問題です。ただ、キリスト教の言わんとするところはそこなのです。だから大江健三郎にとっての「クイナー光君」という出来事は聖パウロの書簡の、キリスト教の最も大切なこと、そのものと一致しているのです。

立花隆と大江健三郎はこの対談の中で「一体、超越というのはあるのだろうか」と会話しています。大江健三郎は「文化というのは超越に向いている視線である。あるかどうかわからないけれど、視線が文化なのだ」と言う。立花に言わせると「じゃあ、それがなかったら文化は虚構にすぎない。それならば、それに対する視線が持続するのであろうか。そこから数々の文化作品が生まれるのだろうか。やはり虚構ではなく事実だからこそ、その視線は現実的な力として文化を生むのではないか」と。そのへんは結論は出ません。しかしわたしはその点では立花側です。ありもしないことをあるかのごとくという、そういう仮定の上にどんなに見つめていっても、その視線から人間の魂をゆさぶるものは生まれてこないのではないか。やはりあるだろう。あるとすれば何なのか、それをわたしたちは神さまとか絶対者とか呼ぶわけでしょう。しかし立花隆も大江健三郎もそう思いたくないから超越者と呼ぶわけです。

3. 新興宗教を求めるのは

こういう点からみると、今の日本に新興宗教がはやるのがよくわかります。なぜかというと、今、地上が非常に乱れている。お腹が減っていたら、腹を満たすために人間は夢中になるからあまり悩まない。戦争中みたいに「欲しがりません、勝つまでは」でもつのです。お腹が減っているから逆に救われているのです。今の日本みたいに一応食生活が満たされ、人間としての生存がある程度安定してくると、人間の精神面が出てきますが、それを支えるものがない。何か乱れに乱れてわけがわからない。するると人間は、やはり「クイナ」が欲しくなるのです。どこからか一声かからないか、それで自分の心の乱れもまとめ、地上の乱れもまとめてくれるような何か一声がないか。それをあまりむずかしいことばで言うと困るから、なるべくわかりやすいことばで、なじみやすい方法で、一回か二回講習会に行って一万円か二万円払うと、何となくわかってくるのでしたら結構です。そうすると、「オウム真理教」とか「幸福の科学」とかが、まさに適合しています。

この前会った青年は「幸福の科学」の本を読んで、二か月目に悟っちゃったのですが、二か月の読書で悟れるのでしたら、こんなにいい宗教はないでしょう。それなりにクイナの響きと思わせるものをもっている。それが大川隆法の本に出てくるのです。以前もらった「幸福の科学」の本を見たら、表紙は大川隆法の大きな写真で、それは司教のような大きな帽子（ミトラ）をかぶって、絢爛《けんらん》たる格好をして司教と同じなのです。わたしは、何で司教さんはあんな格好をしているのか、あんな格好をするから日本人になじめないのではないかと思っていたら、「幸福の科学」はそれをやってくれているわけです。そのうちに「幸福の科学」はミサを始めたりするんじゃないか。そしたらこちらは顔負けでどうしたらいいか。そういう今の日本の状況を示していると思うのです。キリスト教というのは、二千年前に死海のほとりで死刑になった人を中心にしている。その人は新しい宗教の開祖と当時言われていた。しかし、あえなく死刑になり、弟子たちは散らばってしまった。そんな宗教は掃いて捨てるほどあります。しかしその宗教は滅びなかった。二千年たって遠いアジアのこの島国にも届いて、その教えを真に受ける人間がいて、ここに真生会館を建て、そこでキリスト教の話をする人間がいて、それを聞きに来る人がいる。何でそんなことが起こるのだろうか。つまりこれも経験的事実なのです。その経験的事実というものが超越と結びついているのか、あるいは結びついていないのか。その結びついているということをあかしするのを宣教―キリスト教を伝える―というのです。それはどこでいちばん交わりを体験しやすいかといえば、やはり挫折の後でしょう。人生というのは、そんなに思いどおりにいくものではないという、だれでもする経験を味わったときに、その挫折を正しく乗りこえていく道筋をキリストの十字架上の死と復活の結びに見いだしたとき、福音が生活のよりどころになりやすい。それがキリスト教の最も大切な部分を表しているのです。そこで今度は福音のほうに入っていきます。

4. 挫折の夜

ルカによる福音の五章に、弟子たちが徹夜して漁をしたけれども、全然魚が捕れなかったという挫折の夜のことが書いてあります。朝、日が出るとそこにキリストが立っておられて、弟子との会話が始まります。

イエスがゲネサレト湖畔に立っておられると、神の言葉を聞こうとして、群衆がその周りに押し寄せて来た。

イエスは、二そうの舟が岸にあるのを御覧になった。漁師たちは、舟から上がって網を洗っていた。そこでイエスは、そのうちの一そうであるシモンの持ち舟に乗り、岸から少し漕ぎ出すようにお頼みになった。そして、腰を下ろして舟から群衆に教え始められた。話し終わったとき、シモンに、「沖に漕ぎ出して網を降ろし、漁をしなさい」と言われた。シモンは、「先生、わたしたちは、夜通し苦労しましたが、何もとれませんでした。しかし、お言葉ですから、網を降ろしてみましょう」と答えた。そして、漁師たちがそのとおりにすると、おびただしい魚がかかり、網が破れそうになった。そこで、もう一そうの舟にいる仲間に合図して、来て手を貸してくれるように頼んだ。彼らは来て、二そうの舟を魚でいっぱいにしたので、舟は沈みそうになった。これを見たシモン・ペトロは、イエスの足もとにひれ伏して、「主よ、わたしから離れてください。わたしは罪深い者なのです」と言った。とれた魚にシモンも一緒にいた者も皆驚いたからである。シモンの仲間、ゼベダイの子のヤコブもヨハネも同様だった。すると、イエスはシモンに言われた。「恐れることはない。今から後、あなたは人間をとる漁師になる。」そこで、彼らは舟を陸に引き上げ、すべてを捨ててイエスに従った。

（ルカ　5・1〜11）

漁師にとって、生活のよりどころは魚です。そこに生活がかかっています。夜通し働いたが一匹も捕れなかった。つまり挫折したわけです。その後に、将来弟子になる漁師たちが、何をしたか。ここに網を洗っていたとあるでしょう。これがキーポイントの一つなのです。受け皿を清めた。人間はどういうときに破滅するかというと、挫折したときではないのです。挫折のあとの行動なのです。挫折して網を放りだして一杯飲みに行くとか、網を捨てて、もうやめたというのではなくて網を洗っていた。受け皿の清め、ここが非常に大切なのです。わたしの経験から野球の話をすると、いつも監督に言われたのは、エラーをしたときに、エラーそのものは大勢に関係しない。エラーのあとが大勢を決めるのだと。例えば、サードでゴロが来るでしょう。ぽろっと落とす。「しまった」と思う。あわてて暴投をするのです。それが大勢を変えてしまう。一つくらいこぼしたって、ちゃんと処理すれば後は大したことはないのです。「しまった」というときに大きな失敗をするのです。

協力隊にいるときにこういうことがありました。フィリピンの隊員で、成人式が終わってすぐ来た若者がいました。若くて清純でとてもいい隊員で、母一人、子一人でした。フィリピンのいちばん南端で働きました。ところが貧しい漁師たちは魚を捕っても、華僑の商人が来て買いたたくのです。暑い国でしょう。だから朝捕ってもすぐに腐ってしまうので、放っておくとただみたいに安くなるのです。華僑の人は冷凍設備をもっているから、それでマニラに送ってもうけるわけです。その青年はくやしがって、漁民組合を作って、みなでお金を出し合って冷凍設備を作ろうとかいろいろやるのだけれども、なかなかうまくいかない。それで任期が終わって日本に帰って、今度彼は協力隊という公の団体に属さないで、現地の漁師さんたちのグループに招かれていくのです。ところがいくらやってもうまくいかない。一年の予定が二年、三年になってしまった。彼は日本に帰ったときに婚約をし、冷凍設備ができたらすぐ帰ってくると言ったのですが、なかなか帰れなくなったのです。すると外野席からいろいろのうわさがたって、ちょっと二人の間があやしくなってきた。彼から相談を受け、そういうときは手紙ではだめだから一度帰って話してこいと言ったのです。彼は電話して、何月何日何時、東京のある駅前の橋の上で会おうと約束しました。彼は約束のときに橋の上に立ったが、彼女は来なかった。若いでしょう。いっぺんに、かーっときて「やはりうわさは本当だった」と独断し、それから彼はフィリピンに帰って、スナック・バーの女性と同棲して子どもができて、向こうで暮らすことになったのです。

母一人、子一人のお母さんはとても悲しみました。ところがなんとその日そのとき、彼女は来ていたのです。その駅に二つ出口があって、両方に橋があって、違うほうで待っていたのですね。だから、そういうときに冷静になってもう少し心の中を整理すれば、全然違う結果になったでしょう。挫折のとき、特に若いときは、何もかもわからなくなってめちゃくちゃにやってしまうことがあるのです。

5. 受け皿を清める

さてここで、先日テレビで見た、東京の山谷で働いている森本春子牧師について触れておきたいと思います。この人は山谷で二十年働いています。自らも苦しい結婚生活の後に山谷に入って、小さな一角を手に入れて改造し、教会にしてあかしをしているわけです。ところがこの人の一つの特徴は、お酒を敵視することなのです。山谷へ行くと、いい年をしたおじさん、おじいちゃんが車座になってお酒を飲んでいる。それを見ると、そのお酒を取り上げ、みんな捨ててしまうのです。それから洗礼を受けた人が酒を飲んでいると、ピシャピシャとひっぱたくのです。たたかれるほうも黙って受けている。今、たたかれていいのだ、むしろたたかれたいというのでしょうか。山谷とか釜が崎に来る人は決して能力がないわけでもなく、精神的におかしいわけでもなく、優しい、いい人が多いのです。しかし、みな人生の途上で大きな傷口をもっている。職場の問題とか、夫婦の問題とか、親子の問題とか何か苦しいことがあるのです。その出来事で飛び出してきたのです。だから、痛い痛いものをもっているわけです。その痛いものをどうして和らげるか。いちばんいいのは麻酔剤なのです。麻酔剤は何かというとアルコールです。今はもう一つ麻薬があるわけですが、それをやりだすともうだめです。もっと、もっととなっていく。今まで一合ですんだお酒が二合飲まないと麻酔が効かなくなっていく。そういうふうになっていくから、いくらお金を稼いでも、それが生活をプラスに変えないで、むしろそれをダウンさせてしまうのです。森本さんは牧師でしょう。だから酒の部分にキリストをもっていきたいのです。「そのときこそ、あなたがたは祈りによって、神さまの力によって乗り越えなさい」と言いたいわけです。そこに復活があるのだと。つまり、内在の混乱から超越の世界にパスしていくパスカ、過越しですね。それが我々の信仰ではないかと。その部分をそこに生かさないで酒を飲んでいるとはなんだとひっぱたいているわけです。だから優しい顔をした、いいおばさんなんだけれど、そのときは怒り狂ってひっぱたいているのです。それは挫折のあとの傷口を「何であなたがたは酒でごまかすのだ」というその渾身《こんしん》の怒りと祈りがそこにあるのです。それを見ていて「おまえできるか」と言われたら、わたしはできないと思いました。人をたたくことはできないという美名ではなくて、やはりそこまで打ち込んでいなければできない。本当にその人たちの苦しみをわかっているからたたけるのです。たたくことのできない愛は本物ではないと思うのです。親子だってそうだと思います。ただ頭をなでるだけの愛というのは、結局自分へのはね返りを恐れているのです。たたくのがいいかどうかは別として、本当にたたけるという森本牧師はすばらしいと思いました。

パスツールというフランスの有名な細菌学の大家が言っていることに「インスピレーションというのは、清められた受け皿に注がれるのだ」とあります。だから狂犬病でみんなが犬みたいにほえて死んでいくのを見たとき、その原因は何であるか、その原因にビールスを発見したのです。しかし、発見したのはこの人が天才であったという前に、挫折に挫折を重ねても、それが清めの網洗いのほうに回っていったからなのです。それが受け入れ態勢を整えていき、偉大な発見につながっていくというプロセスです。ですから、徒労であったということが、網洗いに続くのか、あるいは逆の方向に行くのか、そこに試練があるのです。そこに厳しい試練があって、そのときに、人間の弱さを背負ってくださる神さまによって突破するのかしないのか、神さまのみ手がそこにあるのかどうか、それはその次の部分なのです。

「沖に漕ぎ出しなさい」とイエスはおっしゃいました。沖に出る。人のいない孤独な世界、そういうところにもう一回疲れた体にむち打って舟を出す。一見ナンセンスです。あれだけやったのに徒労であった。だからもう一回漁をやるなんてまさに虚構に踊らされることではないか。そこに魚がいるとは思われない。「しかし、あなたのことばですから」やりましょう。一見ナンセンスと見える、日の出た後の沖の漁に出かけるわけです。前もってレーダーの魚群探知機で、魚の居場所を確かめてから行くのではなくて、何にもない、何にもないけどあなたのことばだから、というそのあなたのことばを真に受けることができたというのが受け皿の清めです。ですから、わたしたちの人生にもそういうときがあるのです。もう人間的には絶望、万策尽きたというときに、「おことばですから」と立ち上がる。この点でわたしの小さな思い出を話します。

わたしは東京から神学生としてヨーロッパに派遣されて、インスブルックというところの神学校に入りました。そこはドイツ語圏なのですが、授業はだいたいラテン語なのです。そこに来る神学生は、入る前に国家試験でギリシア語にパスしていなければならない。それがないと神学部に行けない。わたしは哲学科から始めたのだから、哲学を学ぶかたわらギリシア語の試験にパスしなければ神学部に入れないのです。わたしみたいにアジアからぽつんと来た人間も例外扱いはしてくれません。一年間でギリシア語をやって国家試験を受けなければならないのです。ギリシア語の試験を受ける人のための特殊講座があるのですが、月、火、金と一時半から三時半まであります。四時からまた次の講義がある。すると朝の授業が終わって部屋に帰って食事して、ほっとしてまた、今度はギリシア語の授業に行く。そして二時間授業を受けて、また、次の授業があるでしょう。こんなことをやっていると両方とものにならないで、結局何もかもだめになってしまうのではないか。そこにもってきてギリシア語の時間には、二十歳前後の若い人ばかり二十人くらいいて、彼らはドイツ語を母国語とする人々です。しかしわたしはドイツ語も外国語でしょう。だからもう死ぬ思いなのです。周りには若い男女がいてワーワーやっている中で、東洋人の、スータンを着てローマンカラーをつけた年配者が、みんなの前で赤恥をかくわけです。それを週に三回で、本当にもうやめよう、もうまいったと、登校拒否の気持ちがよくわかりました。それでも司祭になりたい、そのためには神学部に行かなければだめで、「もうやめた」と言えば、「じゃあ、日本に帰りなさい」というわけですから、これでは困ります。ですから本当に死ぬ思いでやって、六月に聖霊降臨祭が来たのです。向こうの学校は、十月に始まって六月の末に終わるのです。六月の下旬に国家試験があるのですが、その聖霊降臨の日に、「いよいよ試験が近づいた。この一年あんなに苦労した。しかし今度の試験は絶対に通らないだろう。絶対無理だ。結局この一年の労苦は何だったのだろう」と、暗然たる気持ちで庭を歩いていたのです。そしたら道端に小さな花が咲いていました。その小さな花が花びらを広げて、天からの光を受けていました。そのときにはっと思ったのです。「小さきは小さく咲かん」、小さいのは小さいなりに精いっぱい咲いていれば、天上の太陽から光が届くのだと。下から舞い上がって天に昇って太陽の光をもぎとってくるのではなくて、下で小さくなって、小さいなりに力いっぱい開いていれば、上からちゃんと満たしてくれるのだ。だからこの諸行無常の地上の内在界から舞い上がって、超越界に飛び上がろうというのではなくて、この地上の絶望的な中に力いっぱい開いていれば、上から光がちゃんと来てくれるのだ。だから試験の結果はもう心配しない、力いっぱいやればいいのだと思って、やっと心が平和になって、いよいよ試験の日が来たのです。試験場には三人先生がいまして、そのとき出された試験問題が、ルカによる福音のこの部分だったのです。ギリシア語のテキストを出され、文法的なことをいろいろ質問されて答えたのです。真ん中にいるのがユングマンという有名な神学者で、典礼の大家で、日本でも本が出ているけれど、厳しい人なのです。答えながら彼の顔を見ていると、時々へんな顔をしています。終わったら三人が何か話していて、こっちを向いてユングマン先生が「おめでとう」と言ったのですね。通った、と信じられない気持ちでした。

そのときにわかったことは、やはり神さまは存在すると。自分の力だけでは絶対にできないことができたでしょう。それは光君のクイナと同じなのです。自分の力だけでは絶対にできないことができた。やはり超越界がある。だから自分の無力さの自覚ということが、天上の光に対しても、ふさわしくないのに受けるという心を作ってくれるのです。ふさわしくないのに受ける。ペトロはひざまずいて「離れてください、わたしは罪深い者です」という告白をしたわけです。だから聖霊降臨の聖霊というのは、単なる虚構ではなくてちゃんとあるのだということを体験的に知るのです。体験的に知るというのは、経験的事実になるようにそれが来てくださるのです。諸行無常の地上の経験的事実の中に、超越の世界の出来事がちゃんと入る。そこに天上との交わりがある。それをあかしするということ。それは単なる視線という抽象的な目つきだけではなくて、具体的な体験になる。それを味わった人間が、それをバネとして生きるのが生活のよりどころです。ですから、キリスト教というのは、キリストのことばを生活のよりどころにする。それは人間的には絶望であっても、「あなたがそうおっしゃったからやる」という、そういう決断と行為を含むのです。その結果は天にゆだねる。その際こちらサイドに要求されるのは受け皿の清めです。受け皿を清めることもまた、神の恵みであって、歯をくいしばってやるのではなくて、ひれ伏して「清めをください」と祈る。この祈りもまた恩寵のたまものなのです。

6. 癒やしは主のたまもの

ここでルカによる福音四章の十六節に簡単に触れておきます。これはイエス・キリストの宣教開始のときのことなのです。宣教開始、つまり今まで述べたキリストの福音を伝えるということを始めるときなのですけれど、そのときにイザヤ書をもってくるのです。

主の霊がわたしの上におられる。貧しい人に福音を告げ知らせるために、主がわたしに油を注がれたからである。主がわたしを遣わされたのは、貧しい者によいおとずれを伝え、捕らわれている人に解放を、目の見えない人に視力の回復を告げ、圧迫されている人を自由にし、主の恵みの年を告げるためである。

宣教開始の出発点のことばは、「貧しい人によいおとずれ、捕らわれ人に解放を、目の見えない人に光を、抑圧された者に自由を」、つまり社会的弱者、少数者の救いと解放こそは、宣教開始の力点でした。ところがその前に、「主の霊がわたしの上におられる」とあり、最後は「主の恵みの年を告げるため」とあります。つまり、「主の霊」と「主の恵み」という二つの間に社会的部分がある。ですかち、山谷に入って二十年一緒にいても、何をねらっているかというと、酒を飲まなくてもよくなる状態を作りたいのです。それが解放なのです。酒を飲まなくていい状態をどうしたら作れるかというと、単なる禁酒同盟ではだめなのです。やはり主の霊が中を癒やさなければ飲まざるを得ない。ただ外に向かって抑圧者に対して解放を叫ぶだけではだめなのですね。それも必要ですけどそれだけではだめなのです。中に向かって癒やしをもたらさないと。ですから宣教の開始は、主の霊の降臨と、主の恵みの年の宣布という二つが初めと終わりにあって、その中身に社会的解放を包むのです。その両方がなければだめなのです。社会の多くの過ちというのは、霊だけで中身のないことと、また中身だけで霊のないことで、両方なければだめなのです。ですから聖霊の働き、それが根本で、飢えた人にパンを、抑圧された人に解放を、目の見えない人に光を、そして光君に響きを、と願うところに超越界の恵みが現れる。しかしそれは人間の力で歯をくいしばってやるものではなくて、主の霊のたまものであり、主の恵みのたまものである。網を洗った清められた心は、その偉大な成果を見たときに、バンザイ、バンザイ、大漁節でも歌おうかではなかったのです。弟子たちはひれ伏した。自分は罪深い者だ。これに値しない。ですからひれ伏して「離れてください」と言った。ここが大切な部分で、福音の完成部分なのです。つまり、恵みを受けるということは何かというと、もっと大きな交わりに入っていきなさいということ。もっと大きな交わりに入るためにはもっと心を清めなさい。豊漁に酔ってはだめだよ、それはおまえの力ではないのだよ、と。これでお金もたまったし、家もできたし、子どもも成長したし、万事オーケー、万々歳ということは次への出発点なのです。す、べ、て、を、お、い、てイエスに従った。ここに、すべてを捨ててとありますが、舟というのは漁師にとっては生活のよりどころ、つまりそこに生活がかかっている部分です。生活のかかっている部分をおいて従っていった。なぜかというと、あの方の中に、もっと深い生活のよりどころがあるからです。目に見える部分を離れることによって、もっと大きな目に見えないよりどころを与えられる。その部分に十二使徒は、福音のあかしをする力を与えられたのです。そこに本当の満たしがあるのだ。ですから、第一段階の清めがあって、豊漁があって、ひれ伏して、そして第二段階の清め、それは自分の本当の生活の満たし、生活のよりどころはあの方に従うことなのだ。何のために？　復活の証人として。

そこで、もとにもどって、コリントの信徒への手紙一にあるように、キリスト教徒とは一体何なのか。それは福音を真に受ける人なのです。福音を真に受けるとは何か、福音を生活のよりどころにしていることなのです。そのキーポイントは、キリストの死と復活を真に受けることなのです。二千年前にそんなことがあったという虚構を、あたかも本当のように自分に押しつけることではなくて、身近な出来事の中で、自分の中を清めること、自分をむなしくすることが自分をもっと満たすことになるということです。そして特に試練のとき、挫折のとき、そのときこそが復活の神のみ手に触れるチャンスなのです。自分サイドには全く絶望しかない、だけど御身のことばによって沖に出ましょう。そこに突破があるのです。その突破（パスオーバー）のことをパスカとよんで、過越しと訳すのです。過越しは日本語では復活というのですが、復活というのは、死んだ人間が蘇生するみたいに響いて、あまりいい訳ではないのです。突破していく、パスカしていく、それが復活の意味なのです。

今日申し上げたことは、キリスト教徒とは一体どういう人間を言っているのか。それはキリストの福音を真に受けた人間を言っているのだ。それは何を言っているのか。キリストの死と復活を真に受けたことになるのだ。その真に受けるときに、十二使徒たちは目で見て体験したから、軽験的事実の中でそれを知ったから彼らは強かったのです。それは聖霊によって世の終わりまで続くのだという。その世の終わりまで続く十二使徒の経験的事実を、わたしたちは信仰によって受けとめ、聖霊によってその体験を繰り返していく。そこにクリスチャンというのがあるのです。それは天上との交わりを意味しているのです。天上というのは虚構ではなくて事実なのです。立花隆は宇宙飛行士と脳死で説明しようと思ったけれど、それは頭の中の体操に過ぎない。しかし大江健三郎は、自分の長男でそれを経験した。「クイナです」という一言の中に経験したのです。そういう経験は、わたしたちにもできるはずです。それを単なる一つの心理的な出来事に見るのではなくて、それが天上とつながっているという、そのつなぎの部分にキリストがあるのです。二千年前に起こった死刑の出来事が、今、全世界にいろいろな教会があって、今もなお生きているということの根拠なのです。その事実の証言です。それ以外にキリスト教はありません。

第五章　かかわりの道——自立性と依存性をめぐって

1. 栄光と悲惨

人間のかかわりについてお話ししようと思いますが、そのベースにルカによる福音の九章を読んで味わってみたいと思います。

……、イエスは、ペトロ、ヨハネ、およびヤコブを連れて、祈るために山に登られた。祈っておられるうちに、イエスの顔の様子が変わり、服は真っ白に輝いた。見ると、二人の人がイエスと語り合っていた。モーセとエリヤである。二人は栄光に包まれて現れ、イエスがエルサレムで遂げようとしておられる最期について話していた。ペトロと仲間は、ひどく眠かったが、じっとこらえていると、栄光に輝くイエスと、そばに立っている二人の人が見えた。その二人がイエスから離れようとしたとき、ペトロがイエスに言った。「先生、わたしたちがここにいるのは、すばらしいことです。仮小屋を三つ建てましょう。一つはあなたのため、一つはモーセのため、もう一つはエリヤのためです。」ペトロは、自分でも何を言っているのか、分からなかったのである。ペトロがこう言っていると、雲が現れて彼らを覆った。彼らが雲の中に包まれていくので、弟子たちは恐れた。すると、「これはわたしの子、選ばれた者。これに聞け」と言う声が雲の中から聞こえた。（ルカ　9・28〜35）

イエス・キリストはご受難の前に主だった弟子を連れて山に登り、その眼前で光り輝く神さまの偉大な栄光を示しました。ところがその栄光を示しているときに、横に立っていた二人のモーセとエリア―つまり律法と預言という、キリストを準備する旧約時代の二つの柱―が語り合っていた内容は、このイエスがやがて受ける悲惨な最期についてでした。つまり悲惨なむごたらしい最期を一方で語りながら、その場は光り輝く栄光の姿であった。栄光と悲惨、栄光と苦難、その二つが並立しているわけです。このことを通じて弟子たちに言いたかったことは、「やがてあなたたちもこの悲惨な状況に接するだろうけれども、そのときも自分は変わらない栄光の主なのだよ」ということであったのに、弟子たちはそれがわからず、いい気持ちになって、ここに三つのテントを張って、などとまったく場違いなことを言っていたわけです。ですから、この状況は何を言っているかというと、栄光と悲惨という全く正反対のものが同時にそこにある。そこに十字架にかかられたイエス・キリストがいらっしゃる、この人に聞きなさい、この何かわけのわからない正体不明で取りつくしまのないイエスに聞きなさい、ということなのです。十字架にあげられるという高揚は、同時に永遠の御父のもとにあげられるという栄光に高められることをも示すわけです。「栄光にあげられる」と「十字架にあげられる」という二つの意味がこの高揚にはあって、栄光と悲惨という二つが同時に存在しているわけです。このあたりにキリスト教のキーポイントがあります。

わたしがアリの町にいたとき、ちょうど四旬節のころに保育園の縁側で子どもを集めて、キリストの受難の話をしていたときのことです。縁側の端のほうに小沢さんというアリの町の会長さんがぽつんと座っていました。話を聞いているのかどうかわからなかったのだけれど、わたしが話し終わったらやってきてこう言ったのです。「神父さん、イエスという人は、散々苦労して何もいいことなしに死んだんだねえ。」彼は親分でいろんな苦労をした人です。彼の人生のバックグラウンドの重みもあって、そのことばにはすごい実感がありました。小沢さんは、キリスト教のむずかしい理屈は分からなくても、本当に根本のことは分かっている人だなと思ったわけです。だからそのイエスに従うのがキリスト教徒ならば、散々苦労して何もいいことなしに死んでいって当たり前なんですね。「弟子は師にまさらず。」だからそれでいいという、そこに栄光があるということが分かったときに、キリスト教が分かったということになると思うのです。

前にもたびたび言いましたけれど、新興宗教は「いらっしゃい、いらっしゃい、いいことばかりあるよ」と言いますが、わたしたちは逆を言っているのです。「クリスチャンになったって、ろくなことはないよ、つらいことがたくさんあるよ、だけどそれでもついてくるか」、そこがキリスト教の根本です。イエス・キリストを信じることが、たくさんのご利益をもたらすことではなくて、たくさんつらいこと、いやなことがあっても、なおかつ引かれるものがある。このことが聖書の中心部分にあるのです。

　もう一つ例を言いますと、わたしの学生時代に、親友が下宿を追い出されて、わたしも一緒に部屋を探しまわったのです。ちょうど日曜日が来て、二人でミサにあずかって聖体拝領をして、その後食事をしながら二人でこういうことを話し合ったのですね。「ミサにあずかって聖体拝領をしたって、下宿が見つかるわけじゃない。だけど、何でミサにあずかって、聖体拝領すると、こんなに心が平和なのだろうか」と。つまり、「奇しき平和」です。

　「秘跡にこもりて」という聖歌がありますが、本当に不思議な平和があります。難問が解決されてやれよかった、と平和が来るのではなくて、何も解決されないど真ん中で平和があるという、そういう平和は、あの方との一致にある。御父が「これに聞け」とおっしゃった御子イエスの十字架の高揚は、悲惨と同時に栄光への高揚であるという、その二つが一つになっている部分が根本です。キリスト教徒の人生の秘訣というのは、一方をたてれば、他方がたたずという羽交い締めみたいな状態に陥ったときに、羽交い締めの十字架上で亡くなった方が、栄光の主であるという、そこに解決を見いだすことです。「これに聞け」、こういう前置きをして、「かかわり」の問題に入っていこうと思います。

2．無私の奉仕

「かかわる」という場合に、人と人とかかわる場合と、人と神さまとかかわる場合と二つに分け、それはそこで取り扱うのは自立性と依存性という矛盾する二つをめぐっての問題です。それは栄光と悲惨というのと同じように、わたしたちはその二つをめぐってどのように考えるのか。そういうと非常にむずかしく響きますけれど、実は簡単なことなのです。その例をいくつかお話しします。

一つ目の例は、あるお母さんがこういうことを言いました。「うちにはまだ小さな子どもが二人いて、朝起きて洋服を着かえさせるとき、自分が手を貸せば、一分でできてしまう。早く片がつくけれど、それは親が全部やるので、親に依存させることになる。だけどそろそろ子どもに自分の服は自分で着させようとすると、子どもがえっちらおっちら着るのを見ていなければならない。すると時間がかかってイライラします。」他に仕事がたくさんあれば、早いとこ片付けたくなりますね。しかしそういうときにすぐ手を出すと、温かいお母さんの手が出てという意味で非常にきれいに見えるけれど、それは依存的なのです。子どもを自分に依存させる。自分も子どもに依存する。おまえはわたしを必要としているということを実感できる意味で、母親の満足がそこにあるわけでしょう。ところが子どもが自分なしにもやっていけるという状態をつくるように努力することは、子どもに独立性を与えるとともに自分にも独立性を与えるわけです。つまり自分が必要でなくなるように、自分がなくてもこの子はちゃんとやっていけるようにと助けるのですから、相手に自立性を与えながら、自分にも自立性を与えるわけです。けれど同時に、温かい親子のもちつもたれつという依存性の中に、親子の情は養われるわけでしょう。ですから自立性を立てようと思うと依存性はだんだんなくなり、依存性を中心にすると自立性は減ってくる。この場合に、時間配分——二分と八分であるか、三分と七分であるかという——を問題にしているのではなくて、そのときにどういう気持ちでやっているか、つまりどれだけ無私になっているかなのです。自分を中心にやるのではなく、この子が自立性をもった、情の深い子になるにはどうしたらいいのかを中心にする。しかし他の仕事を考えれば、その際、この子のことは何分以内にやらなければならない。それが両方とも自分中心ではなく、無私の奉仕でやっているとき、そこにキリスト教のいちばんの基本があるのです。その上に立ってどのへんがいちばん理想的な配分か、十分も二十分もかかっても放っておくほうがいいのか、それとも一分とか三十秒がいいのか、そこはケース・バイ・ケースです。だから大切なのは、子どもが小さいときから、親の精神の根本に無私の奉仕があるのかないのか、そのへんがいちばんキーポイントで、その次にどのくらいがいちばん理想的な自立と依存のバランスなのかとなるわけです。問題点はそういうことなのです。

自立性と依存性は、人間と人間のかかわりでは反比例します。一方をたてれば他方がたたず、それはちょうど栄光と悲惨と同じように、です。そういうときでも無私の精神を根本にしているならば、「これに聞け」という「これ」が浮かび上がってくるのです。何で神の子があんな姿になったのか、何で人生いいことなしに死んでいくのかということを自ら受けてたてるのか、それに深くかかわってくるのです。

二番目の例は、あけみという人についてです。この人はＮＨＫの青年の主張で発表した人です。彼女は幸せな幼少期を過ごしましたが、小学六年のときに親が離婚します。そしてお母さんと一緒に放り出されますが、お母さんは身をもちくずしてしまって、あけみは十六歳で非行に走ってしまい、何度も補導されます。だけどお母さんは顧みてくれません。だからこのお母さんと一緒ではもうだめだ、自立しようと思い立ちます。でも十六歳の女の子がどうやって自立するのか。結局、彼女は水商売に入るのです。十六歳だけれども年はお化粧でごまかして、そこでやっと生きる道を見いだすのです。ある日、一人の社長が耳もとで「どうだ、月々二十万円で」と声をかけます。その社長さんの囲い者になれば、ワンルーム・マンションに住んで昼間の高校に行けます。彼女は何とかして高校に行きたいと思っていました。だから、渡りに船みたいな感じなのです。だけど二十万円もらってワンルーム・マンションに住んで昼間の高校に行くということと、妻子ある社長さんの囲い者になるということがどういう関係になるのか、非常に悩んでいたのです。ここが人生の分かれ道だと思ったわけです。

　ところが彼女の学校にいい先生がいて、この先生がしょっちゅうあけみにいろんな点で心をかけてくれた。水商売をしている若い娘に対して、その先生は「そんなことやめろ」とは言わないのです。「あけみ大丈夫か」と言うわけです。いつもあけみに対して、自立性を損なうような命令をしないのです。まだ若い女の子なのに親の手を離れている。するとやはり親代わりのような本当の先生の指導を受ける依存性も必要なのです。そうしますとここで配分基準ですね。どの程度まで干渉したらいいのか、どの程度まで立ちいったらいいのかという問題が出るでしょう。彼女はちょうど人生の岐路に立って、二十万円もらうのか断るのかというときに、この先生の影響で、二十万円を断るだけでなくて水商売をやめてパン屋さんの職人になるのです。そして最初の日に、工場から出てきたら先生にばったり会って、「先生、この手を見て、匂いかいで。この手はもうお酒の匂いじゃないでしょう。パンの匂い、この白いのはパンの粉だよ」と言ったら、その先生は涙をぽろぽろ流してその粉を洗ってくれたという。あけみは働きながら間もなく高校を卒業します。自分は大学に行きたい。その目的は、自分の不幸は親の離婚から始まったから、幸福な家庭を作りたい。これが一つ。もう一つは、自分は転落して自分と同じような子をたくさん見た。あの子どもたちは自分の責任ではなくてああいう目にあっている。それを放っておいてはいけないのだ。だからそういう子どもたちにとって、もっと温かい社会を作るという目的のために大学に行きたいという決意を述べて終わるのです。

この場合は配分基準プラス状況基準、つまり倫理問題が入るのですね。三分で洋服を着ようと五分で着ようと倫理には関係がないのだけれども、社長さんの囲い者になるというのはちょっと違うでしょう。一人の人間の人格の中枢部に響くような問題が入っているわけです。そういう場合にはどのくらいまで干渉すべきなのか、つまり自立性を尊ぶという名のもとに、完全に手を引いたほうが相手をたてることになるのか、それとも、乗り込んでいって「やめろ」と言い、親代わりになって依存性を強化してその筋道をたてるというのが正しいのか、このへんは実にむずかしいです。一方をたてれば他方がたたず、この先生がなぜそういうふうにしたか、やはり無私だったのです。ほんとうにあけみのことを心配していた、だから、その無私の奉仕があけみの心を打ったわけでしょう。その心がおのずから彼女の心に先生の心を理解させた。先生はもうのどのところまで出かかっていた「やめなさい」ということばを言わないから、逆に効果があったのでしょう。それほどまでに自分の自立を尊んでくれる。しかしその陰で先生がとても苦しんでいる。ここで一つの大切な原則が生まれます。

あけみがしあわせになるように先生は考えた。あけみを幸せにしようというのではなくて、あけみがというように相手を「が」に考える、「を」に考えない。これが基本なのです。よく親が「わたしはあの子のことをこんなに心配してきたのに、何ということをしたのだ」と言いますが、あの子を幸せにすると思ったらだめなのです。あの子が幸せになるためにと、相手を「が」にしなければならない。ですからそれからすこし飛躍してみますと、神さまは全能なのだから、何も十字架にかからなくたって、ひと声「えいっ」とかけて全人類を救えばいいわけでしょう。だけどそういうことをしないでなぜ十字架にかかったのか。それは一人ひとりが幸せになるように、人間の自立性をたてながら、徹底的に人間を救おうとした。自分の死に至るまで。そしてその死に、人間の救いは依存するようになったのです。

3. 言うべき時を待つ

三番目の例は、母の投書です。これはみなさんと関係すると思うのですけど、あるカトリック雑誌に一人のお母さんの投書が出ていました。娘が大学を出てある会社に働きに行っている。とてもいい子で親子の関係もうまくいっていて何も問題がない。会社の研修で月一回外泊するけれど、それ以外はいつも早く帰ってきて、さわやかな親子だと思っていたわけです。ある日母親が娘の部屋に用事で入ったら、机の上に日記帳が載っていた。なんとなく好奇心にかられて開いてしまった。読んでいるうちに顔色が変わった。というのは彼女は会社で妻子ある男性と深い恋愛関係に入っている。月一回の外泊も彼とデートしているのだ。本人も苦しんでいるのです。こういうことは本当にいけないことなのだ。だけどやめられない。わたしは彼が好きなのだと苦悶しているのがありありと読めるわけです。そのお母さんは動転したわけですね。さてどうするか。自分が読んだ以上その事実を知ってしまった。娘はいわば不倫の恋をしている。だからそれは許してはならない。娘の人格的破滅、それのみならず相手の家庭を破壊するかもしれない。だからこれは放っておけない。そうすれば干渉すべきですね。何か言うべきでしょう。だけど言ったら娘は何と言うか。「何よ、お母さん、人の日記を読んどいて」と、不正な手段で情報を入手しておいて、その情報の内容によって相手を責めるとは、お母さんこそ反省しなさいとなるでしょう。すると何も言わないのがいいのか、あるいは言う資格がないのか。娘の自立性を尊ぶならば、もうあの子も二十三で子どもではない。お互いに一個人として相手のプライバシーを尊重し合いながら、日記を読んだのが悪いのだからそれは知らなかったことにしよう。陰ながら彼女が正しく判断するよう祈っていよう。それは自立性を尊ぶ生き方ですね。しかしそうすると娘は破滅するかもしれないし、自分の娘によって幸せな一家をぶち壊すかもしれない。知らなかったら責任はないと言えるのだけれど、知ってて黙っているのはどうなんだという問題が出てきます。では言えばどうなる。やはり親子なのだから言うのだ、というのは依存性を前提とするわけです。他人じゃあないのだ。あの子はわたしの娘で、わたしはあの子の親として責任があるし、あの子も自分で苦しんでいるのだから、それについて発言することは決して不当な干渉ではなくて、むしろ親なればこそという温かい親子の愛情が言わしめるのだ。日記を読んだのは悪かったけれど、自分は言わなければならない。言うべきか、言うべきでないか、一方をたてれば他方がたたず、そこで自立性と依存性という問題が出てきます。

例一の配分のみならず、倫理的な問題が絡んでくるから、どのへんがいちばん正しいやり方なのか。もしみなさん自身の娘さんがそうなったらどうなさいますか。絶対にいけないのは、あわてふためいて「おまえ、何だ」と自分が裁判官になることです。人の日記を読んでおいて、それが裁判官で被告を裁くなんて間違っています。だからといって全部黙ってしまうというのが正しいのか。自分には裁く権利はない。このへんのところが非常にむずかしいのです。しかしこの場合でも大原則は生きているわけです。つまり、無私の奉仕ということです。「親の面目をつぶした」なんていうのではだめなのです。親の顔に泥を塗ったというのは自分中心なのです。そうではなくて、本当に神さまの前にこれは黙すべきか黙さざるべきか、どっちが本当の無私の奉仕なのかというその観点からこれは見なければならないでしょう。これから先はケース・

バイ・ケースで、その人の具体的な状況が決めることだと思うのだけれども、こういうことが言えると思うのです。

言うべきこと、やるべきことでも時期があります。時期と方法がある。それは倫理の中枢に関することでもあります。例えばアフリカの例で言いますと、ある宣教師がアフリカである酋長さんに洗礼を授けたのです。その酋長さんには奥さんが四十五人いました。それでその宣教師は彼に「あんたはクリスチャンになったのだから奥さんは一人にしなくてはいけない」と言ったのです。そしたら彼は「はい、分かりました」と言って、しばらくたってやってきて、「神父さん、わたしは妻を一人にしました。」「どうしたんだ」と聞いたら四十四人殺したと言う。だから結果だけを言うと、その地方ではそういう場合、一夫多妻を初代は認めるのです。しかし二代目からは教育して一夫一婦を守らせるようにする。四十四人殺したのではキリスト教のもう一つの倫理を壊すでしょう。これは一夫多妻をいいというのではないのです。今すぐそれを禁じてはいけない。それには時間がかかるということです。

聖書を見ても奴隷制度がそれですね。パウロもよく言っています。奴隷に対して、主人に従いなさいと。けれどキリスト教は奴隷制度を廃するのです。それには時間がかかります。それは非常にデリケートで、どの程度まで許されるのか、どのくらいの時間が許されるのかというのはむずかしい。だから先ほどのケースにあえてわたし自身の判断を述べれば、お母さんはやはり無私な心で、一方をたてれば他方がたたずという十字架を担いなさいと。一方に割り切って清々しようと思ってはいけません。その十字架を担いなさい。そして祈って、言うべきことを言うべきときに言えるように、そのときを待ちなさい。そのときが来たら、裁判官が被告を裁くようなやり方ではなくて、同じ人間としてわたしはこう思うのだよ、と話すのです、世にいう不倫という恋はやはりいけないことなのだから、一緒に苦しみを耐えて一緒に乗り越えていこう、と。目指すところはそれを克服することだと思うのです。それを放棄してはいけない。ただそこには時間とか方法があり、そこに自立性と依存性をめぐる十字架があって、そのときに「これに聞け」。一方をたてれば他方がたたずという、その十字架の中に栄光と悲惨を一つにしたイエス・キリストの姿が立っているわけだから、そこに耳を傾けるわけです。

4. お金と白墨の家庭

四番目の例にいきますと、こういうことがありました。もう二年以上も前、留守番電話に数回男性の若々しい声で「僕を助けてください」というのが入っていたのです。「僕は今、悪魔に苦しめられている。だから悪魔から僕を解放してください」と。でも名前も電話番号もないからどうしようもありません。ところがある日、わたしがいるときに同じ人からかかってきたのです。夜の十時ころでした。わたしは少しへたばっていたのだけれどSOSだから「いらっしゃい」と言いました。二十二、三歳くらいのとても感じのいい青年でした。どうしたのかと聞いたらこう言うのです。彼はあるプロテスタントの大学の二年まで行って中退したのだけれど、ちょっと妙な新興宗教に入っていて、それは悪魔というのを大きく取り扱う信仰なのです。彼に言わせると、悪魔に取りつかれているから悪魔払いをしてほしいというわけです。聖書によると悪魔を払った天使に聖ミカエルという天使がいる。それで電話帳で聖ミカエルを探したら、わたしが住んでいる聖ミカエル修道院があってそこに電話をかけたというわけです。だから聞いていると真面目なのだけれども何かちょっとおかしいのではないかという気もしました。しかしとにかく非常に真剣なのです。さらに聞いてみたらこういう話だったのです。

お父さんは小学校の教員だったけれども、遠足のときに子どもが一人溺れ死んだ。その責任を取らされてやめてしまって、それからお父さんは酒にすっかり埋没してお母さんとはけんかばかり続いて、双子の兄弟はお母さんの里に預けられた。離婚後お母さんは二人の子どもを育てるためにという理由で水商売に入った。お母さんはそうやって二人を育てた。二人は大学まで行って、兄のほうはある大学を出て就職が決まった。彼は二年で中退したものだからフラフラしているわけだけれども、こう言うのです。「うちのおふくろは悪魔だ。」水商売というのはお酒で商売しているわけですが、「酒というのは悪魔の水だ」と。悪魔の水で商売しているおふくろにおれたち二人は養われた。徹底的に悪魔の呪いの中に育ったというわけです。だから憎むべきはおふくろである。悪魔の弟子だ。しかしそれに育てられたという事実はどうにもならない。何とかこれを出たいのだけれど、聖ミカエル教会の神父さんだから助けてくれというわけです。そう言われてもキツネにつままれたみたいでどこからどうしていいかわからない。でもとにかくかかわろうと思ってかかわっていたのです。そしたらある日突然電話がかかってきて「すぐ会いたい」と言う。会ってみると「すぐそこに僕の家がある。来てくれないか」というわけです。彼の家へ行ったら、古いけれどもマンションで、表札が二つあって「こっちはおふくろで、こっちは兄貴と僕の部屋だ」と言う。部屋に入ったら、たまたまお母さんもお兄さんもいたのです。まず最初に、お母さんがわたしに話しかけてきて、「あなたがこの子の先生ですか。よく来てくださった。わたしはこの子のために生きた心地がしない。わたしは夜の仕事だから真夜中に帰ってくる。ところがこの子は待っていて、わたしを捕まえて説教する。『おまえは悪魔だ』『その商売をやめろ』と。二人を育てるためにどんな思いをしたかと言ったってわからない。話はすれ違っていて、毎晩毎晩やられるとわたしは生きた心地がしないから、この子にここを出て自分一人で生きていくように、もう二十三なのだからできるだろうと言って、就職を世話しようと思い、チェーン・ストアをやっている知り合いに頼んで面接に行った。ところが面接に立ち会った人事課長に『あんたのチェーン・ストアでは酒を出すか』と聞き、『まずそれをやめなさい』と言って、わたしの面目を丸つぶれにした。でも仕方がないから、またもう一つの就職を世話して、いよいよ今日の午後面接ということになった。この子は先生の所に行って『どうしましょうか』ということだったのでしょう」と。とにかくこの子をどうにかしないと生きた心地がしないから、何とかしてくれということだったのです。

四畳半位のところに四人座って話をしようと言ったら、今度は彼がすごい勢いでしゃべり出したのです。言い方がすごいのです。まずお母さんに「てめえはだなあ」と言うのです。お母さんを「てめえ」です。簡単に言うと三つのことを言ったのです。一つは「てめえはだなあ、ふた言目には子どもを育てたと言うけれど、育てたのかよ。小さいころから、俺たちが家を出るときは、てめえは寝てた。帰ってくると、てめえはいなかった。台所の黒板に、こうやってこうしなさいと書いてあった。そして横にお金が置いてあった。」白墨の指示が、母親の代わりなのですね。依存性の部分なのです。そしてお金が横に置いてあるというわけです。だから「てめえは育てたんじゃないぞ。白墨とお金だけだったじゃあねえか」と。白墨とお金で人間が育つかというわけです。それは本当にすごみがありました。それから二つ目は、こういうことを言いました。「てめえは二人を愛したというけど、兄貴はてめえに似てる。俺はオヤジに似てる。おまえはオヤジを憎んでいた。だからてめえの心の奥には俺に対する憎しみがあるんだ。俺は小さいときからそれを感じた。おまえは本当に俺を愛していたのかよ」というわけです。三番目はいちばんすごかった。「てめえはオヤジも裏切っただろう。俺も兄貴も知ってんだぞ。おまえとオヤジの結婚は、おまえの初婚じゃなかっただろう」と。お母さんはびっくりして、そして言ったのです。「そうです。初婚じゃありませんでした。田舎の実家で親に従って結婚しましたけれど、一週間目にとてもだめだと帰ってきました。親も行かなくていいと。籍も入っていませんでした。だから、そのままずっと過ごしているうちに二番目の縁談でお父さんと結婚しました。」だけど最初は一週間で籍も入っていないのだから、余計なことを言って傷つけるよりも黙っていたほうがいい。決して悪意でだましたのではなくて、いいと思ってしたのだと言ったのです。その弟にどこで知ったかと聞いたら、まだ幼いころ、夫婦が分かれ話をしているときに実家に預けられ、そのときおじいさん、おばあさんが話したというのです。このように、すごい火花が散って、たまたまわたしが居合わせて、結局ここまで話し合ったのだからと言って、お母さんが彼の下宿代とか全部世話して、彼は働くことになって一応その場は終わったのですが、ここで言いたいのは自立性と依存性の関係です。

兄がこう言ったのです。「俺は大学を出て就職して、仲間たちは恋人だ、結婚だというけれど、俺は結婚だとか家庭だとか全然分からない。」家庭というのを全然知らないというわけです。物心ついてから寝るところと食べるところはあった。しかしお金と白墨なのですね。だから家庭というものが何だかわからないと。そこで自立性は与えられた。甘える相手がいないから依存性が欠落しているわけです。つまり、家庭で、親子、兄弟がお互いに肌をぬくめ温めながらという依存性の中に人間が育っていくという部分が欠落しているのです。依存性の中に人間は成長するというプロセスを踏まなかったからです。また、弟がこういうことも言ったのです。「俺はこんなマンションでなくていいんだ。小さなアパートでいいんだ。何もてめえが水商売をやってお金もうけして二つの部屋をもたなくたって、一つのアパートの部屋でよかったんだ」と。お母さんにものすごい勢いで突っかかっているけれど、それは裏返せば、やはり温かいおふくろに対する依存性が欲しかった。それが拒否されてきた。そうすると自立性と依存性の調和には、いろんな難しい要素があるわけで、簡単にどういうのがいいとは言いにくい。ただ次のことは言えるでしょう。

金と白墨では子どもは育たない。だからお母さんが何も水商売でお金をもうけなくとも、彼が言うように、アパートに住んで依存性の中でお互いに寄りかかりながら、しかしその限界を心得て自立性を互いに尊重し合っていくという方法を取ればよかったのでしょう。こういう出来事のなかに、今の日本の一つのむずかしい点を見たと思うのです、つまり、今の日本はお金と白墨というのが多すぎるのです。白墨というのは、何も白墨そのものでなくて、大金持ちの両親が子どもを放ったらかして、白墨の代わりに立派な個室、スポーツカー、オーディオの設備いっぱいの部屋を与え、遊ぶ道具が山ほどある。すべて白墨なのです。そこには相互に支え合っていく依存性がない。しかもそういう物によって子どもの心を満たそうとするから、子どもには自立心も起こらない。自分で立とうというのではなく、物で寂しい部分を満たしていこう、という今の日本には、そういう意味での破綻した家庭がいっぱいあります。それはお金と白墨が複雑化した家庭で、本当に恐ろしい現状ではないのか、ということをそのときに感じたのです。

5. 自分が立っているところを見極める

次に海外からの経験から話しますと、フィリピンにいるときこういうことがありました。いろんな国のボランティアが来ているわけですが、大体先進国はみな来ています。あるとき外国人のボランティアの全体会議がありました。そのとき、ドイツ人のボランティアがこういうことを言ったのです、「われわれ外国人は政治にかかわってはならないと言われている。しかしこの国の土地制度―大地主があんなにぜいたくしていて、小作人がこんなに貧乏だという土地制度―にメスを入れないで、どうして民衆のために働けるのか。だから外国人といえどもやはり政治問題に立ち入らざるを得ない。」そしたらその席にいたフィリピン人の農民の青年が立ち上がって、『今の発言に心から感謝する。そんなにもわれわれのことを思ってくれてありがたいと思っている。しかしあなたが本当にそう思っているのなら、二、三年でドイツに帰らないで、ここに永住してほしい。そしてフィリピンの国籍を取って農民の一人として最後まで頑張ってほしい」と言ったのですね。つまり外国籍をもちながら、時が来れば別天地に帰れる身分を確保しながら、逃げ場をちゃんともっていて政治に干渉しましょうなんていうのは、何と甘いのだということを言いたいのです。だから本当に農民のことを思ってくれるのだったら、あなたはドイツ国籍を離れなさい。フィリピンの農民の自立を本当に思うなら、あなたは本国への依存性を断ちなさいとなるわけです。

それからベトナム戦争たけなわのころに、日本の社会党がハノイに行って、アメリカ帝国主義の侵略戦争と闘うためにわたしたちも協力したいと言ったら、ハノイの共産党は「そんなにわれわれのためを思ってくださるなら、どうぞ日本に帰って日本の社会を立派にしてください」と答えたと新聞で読んだのです。人の世話をしようと思うなら、自分をしっかりしなさい、自らをよくせよ。だから相手をよくしようと思うなら、相手の自立を願うならば自らの自立をちゃんとしなければならない。自らを立派にすることです。自分は自分の個性に生きる。例えば、神父だったら司祭として、修道者だったら修道者としてということです。アリの町の体験で言えば、わたしがあそこで一緒に寝起きして、一緒の物を食べて、一緒に風呂に入って、一緒に籠をしょって歩いたけれど、そのときに痛感したのは、わたしはアリの町の人とともに生きているわけではないということでした。わたしはそういうことを自由意思で選んでやっているわけでしょう。何もそうしなくたって生きていけるのです。ところがあそこにいる人たちは、それしか生きる道がないというのが苦しいのです。いちばん痛いところを分かち合っていないわけです。だから格好だけまねしても、ともにしたというのは全くの勘違いで、司祭として役に立つということを離れたらだめなのです。フランスの労働司祭の例でいうと、一方ではぜいたくな教会があり、一方には貧しい民衆がいる。その立派なところに住みながら貧民救済みたいなキリスト教の慈善運動では全然お話にならない。だから自分は入っていくのだ。一緒に生活を分かち合いながら、その中からキリストの福音をともに生きようではないか、そこまではいいのです。

ところが労働者にとっていちばん苦しいのは、首切りにより職を失うことなのです。なぜ苦しいかといいますと妻子があるからです。家族が路頭に迷うわけです。独身だったら、コッペパンと水で生きていけるし、どこかにゴロ寝したっていいでしょう。労働司祭が本当に労働者として何もかも分かち合おうと思ったら独身ではだめなのです。だから多くの労働司祭が結婚したのです。労働者の苦しみを分かとうと思うなら、いちばんキーポイントの部分を除いたら何ができるかというわけです。では結局司祭として、というのはどうなったか。そういうふうに大きな誘惑があるけれど、自分自身が立っている自分の現状を見極め、司祭ならば司祭として、修道者ならば修道者として、自分の修道会とか身近なところから始めていかなければだめだと思うのです。

まとめとして、自立、つまり独立を目指すことは、突き放す部分が入る。依存とは抱擁すること、寄りかかること、ですからこれは反比例します。そして反比例の中で配分基準をどうするかという課題にぶつかります。もう一つは状況基準、特にその状況が倫理的な場合は、非常に良心の苦痛を伴い、いろんな迷いが出てきますが、その中でその反比例をどういうふうに読み取っていくのか。そこに時というのが出てくるので、時間の流れの中でその目盛りを読んでいく。早まらず遅すぎずという、そこが非常にむずかしい大切な点なのですね。そのときこそ、「これに聞け」が生きてくるのです。

6. 神の計りがたい神秘にゆだねる

次に人と神さまのかかわりについて述べますが、これは簡単なことなのです。どうして簡単かといいますと、理屈ではなく体験で分かるわけです。体験した人はすぐわかります。どういうことかといいますと、例えばある人がある決心をした。あの決心は誰だれがやれと言ったからやるわけではなく、神さまに強制されたわけでもない。まったくわたしの自由の決心だった。だから全責任はわたしにある。すっきりしているし、はっきりしている。これは自立性のほうです。ところがそういう決心ができたのは、ひとえに、つまり全面的に神さまの恵みだという体験がそこに伴っているのです。これは神にまったく依存しているということなのです。この二つが正比例する。

これが神さまとのかかわりの特質の一つなのです。

すべてを神さまの計りがたい神秘にゆだねる、つまりその支配にお任せする。けれども神さまに全責任をゆだねて、「わたしは知らないよ」というのではないのです。その澄み切った決断は自分の自由な決断であったから、自分に責任が全面的にあるのだけれども、それはまったく神さまの恵みだった。その具体的内容は、どうしたら示されてくるか。そこに「これに聞け」があるのです。一方をたてれば、他方がたたずという悲惨と栄光、それが一つになった高揚に十字架の主があって、それは何を示すかというと、愛というものが一方をたてれば他方がたたずという苦しみの中に成就され、主がその苦しみを担ったということです。だから、その苦しみを受けてたつという中に突破口がある。そこに過越しがあるのです。苦しみだけを見ると逃げたくなるのだけれど、信仰の目をもって見ると、そこに突破口があり、あの十字架が立っていて、そこに希望をもつ。それを愛によって実行する。この信、望、愛に突破口が見えてくるのです。この部分はあまりぐちゃぐちゃ言わないほうがいいと思う。孔子がこう言っています。「己の欲するところに従ってのりを超えず」と。つまり人間の到達する最高の自由というのはのりを超えず、むしろのりのままに生きるということが、己の欲するままと一致していることです。ですから神さまの道筋によって自分が完全に支配される状況に自由参加するということです。

だから「自ら省みて直くば、百万人といえども我ゆかん。」自分を反省して恥じるところがないということは、自分の選択がのりにかなっているということであり、神さまによって完全に自分は支配され、神さまに完全に依存している状態である。神さま以外の者にまったく依存せず、神さまだけに依存した状態になれということであり、そのときは百万人も怖くない。そのまったき自由は、人間が歯を食いしばって絞り出すものでなくて、それこそは神のたまものだ。「御身をおいて誰にかゆかん。」御身のみによりすがるという依存性の徹底の中にまったき自立性が出てくる。だから御身なる父が「これに聞け」と示され、「これ」が栄光と悲惨の高揚の中で弟子たちにいちばん大切なことを刻みこんだのです。

ここで全体のまとめをしますと、わたしたちの生活の中で神と人とのかかわりは正比例するのですから、霊的生活の基本は、神さまに没入することなのです。神さま一本、それに徹底的に没入する。それ以外の支配を断って、それのみに支配されるような状態になること。それがいちばん根本でしょうね。支配されればされるほど独立性が深まり、自由度が増すのだから、人間の幸せが自由になることならば、つまり人間の尊厳がそこにあるならば、神さま一本に徹底的に没入するという内的生活こそはその基本を養ってくれるからです。そして、その道を生きていくときにあういろいろな出来事、それは子どもの洋服着せから始まるわけです。そのときにどうしたらいいかというと、「これに聞け」です。悲惨と栄光という、一方をたてれば一方がたたずと見えるものの中に、高められたキリストは無私な心で神の姿を肉づけされました。あの心をあなたの直面する問題の中にまずはっきりとさせなさい。はっきりさせた上で、あなたの直面している問題が配分基準程度のものなら、それほど大きな悩みとは言えないでしょう。しかしいい加減にしてはいけません。その次に状況基準が加わってきて、特に倫理問題が入ってくると、それは苦しむでしょう。しかしそのときも「これに聞け。」あの方に聞いて心の中を清めながら、後は時間の問題です。早まらず、遅すぎず、しかし時が来たら勇気をもってやりなさい。うやむやにしない。言うべきこと、なすべきときは「これに聞け」、あの方に聞いていきなさいと。こういう基本的な姿勢と実践的姿勢という中に自立性と依存性をもたせることによって、人とのかかわりにおけるわたしたちの実践的な道筋と、それを支える神さまとの間の基本的なかかわりが出てくると思うのです。

今までにお話ししたことは、みなさんが自分自身の生活の中で具体的に直面している問題を考えるときに、神さまに没入するという基本線と、「これに聞け」というあの方に耳を傾けて、その中で正しい行動ができるように、祈りながら時を待つ、ということです。これはきわめて実践的に生きるのではないかと思います。

第六章　時の幅の恵み——復活の秘義をめぐって

1．空の墓の中で

今日はご復活の光の中で「時の幅の恵み」というテーマでお話ししたいと思います。まず、初めにヨハネによる福音二十章の「空の墓」を読みます。

週の初めの日、朝早く、まだ暗いうちに、マグダラのマリアは墓に行った。そして、墓から石が取りのけてあるのを見た。そこで、シモン・ペトロのところへ、また、イエスが愛しておられたもう一人の弟子のところへ走って行って彼らに告げた。「主が墓から取り去られました。どこに置かれているのか、わたしたちには分かりません。」そこで、ペトロとそのもう一人の弟子は、外に出て墓へ行った。二人は一緒に走ったが、もう一人の弟子の方が、ペトロより速く走って、先に墓に着いた。身をかがめて中をのぞくと、亜麻布が置いてあった。しかし、彼は中には入らなかった。続いて、シモン・ペトロも着いた。彼は墓に入り、亜麻布が置いてあるのを見た。イエスの頭を包んでいた覆いは、亜麻布と同じ所には置いてなく、離れた所に丸めてあった。それから、先に墓に着いたもう一人の弟子も入って来て、見て、信じた。イエスは必ず死者の中から復活されることになっているという聖書の言葉を、二人はまだ理解していなかったのである。それから、この弟子たちは家に帰って行った。（ヨハネ 20・1〜10）

ここで最後に書いてあるように、ペトロもヨハネもマグダラのマリアの案内によってお墓に来て、空っぽであるという事実は見て信じた。空であるという事実は確認したけれども、それが何を意味するかを全く理解しなかった。意味不明であった。このペトロやヨハネが偉大な人として殉教するわけですから、そうなるまでの間には長い「時の幅」があったわけで、そこに「時の幅」を満たす神さまの働きが絶えずあったということを、まず申し上げたいと思います。ところでこの空の墓ということが、ご復活とどうつながるか。ふつう平板な解釈だと、復活というのは苦しいことがあってもそのうちに楽しいことが来るという、「苦あれば楽あり」みたいな解釈がなされるけれども、それではキリスト教の意味は全然伝わってこないのですね。ですからわたしたちの日常生活の中に、それがどのような意味をもつかについて二、三の例から話したいと思います。

まず第一に、今、日本では空の巣症候群ということばがよく聞かれます。息子や娘を手放した親が空の巣で寂しさに耐えられず、精神的にダウンしてしまう。親にとって子どもの結婚式というのは大変な気苦労で、宴《うたげ》が終わり、疲れ切って我が家にもどると、乱雑に散らかされた我が家の中に一つの事実を発見する。それは息子の部屋に息子がいない、娘の部屋に娘がいないという事実です。そのいわば空の墓が、息子や娘が巣立ったというアレルヤ（喜び）の原因になったときに、この両親は復活の信仰に生きているのです。この長い労苦の実りが空の墓の中に輝いていることを見る目を、復活のまなざしというわけです。

また少し変な例だけれども、こういうことを聞きました。ニューヨークに単身赴任しているある日本の大企業の紳士が、現地で愛人と同棲を始めた。会社の人たちはそれを知っても知らん顔をして、大人のプライバシーの世界としてタッチしなかったけれども、彼の友人であるクリスチャンの日本人がニューヨークを訪ねたときに、そのことに気がついて彼に聞いたわけです。「一体そういう生活をキリスト教徒としてどう思っているのか」と。彼の答えは、「妻子には前と同じように生活の支えを続けているし、文通によって、夫として、親としてなすべき義務も果たしている。したがってやましいところはない」と。「しかし奥さんには隠しているのだろう」と言ったところ、「隠しているのは、それを知れば妻は傷つくから、傷つけないための愛の配慮である」と言う。「しかし、やましくないのか」と聞いたところ「愛は罪を犯さず」と答えたのだそうです。つまり聖書を引用して、愛は百人愛して百分されるものではないし、この場合は、愛人との問もニューヨークを去る日まではっきり約束している。他の日本人の仲間を見ても、やれゴルフだ、やれバーだ、やれ何だと、そうやって孤独をごまかしているのが大部分であるから、自分のこういう生活は仕事の上にも、また、自分の精神的な安定のためにもやましくないというわけです。「祈っているのか」と彼が聞いたら、「祈っている。何度祈っても、神さまはそれをやめろとはおっしゃらない。」こういう人を前にしたときに、何と判断するか。彼は自分のやっていることを、「いいよ」と言ってくれる神さまを信じているわけです。つまり「わたしの神」を礼拝している。妙な言い方をすれば、自家用車のような自家用の神さまを礼拝しているのであって、その神さまが崩壊したときに、つまり、「わたしの神よ、わたしの神よ、なぜ、わたしをお見捨てになったのですか」というその崩壊を通じて、本当の神さまに目が開く。それが復活ということであって、その開眼のときまでの時間は「時の幅」なのです。神さまの忍耐が、そしてその間の恵みが彼の目を開かせてくれますように。これが二つ目の例の話です。

三番目に、わたしが最近経験したすばらしい結婚式について話したいと思います。それはホア君というベトナム青年で、彼は今から十年以上前にボートピープルとして両親と弟妹と一緒に日本に来ました。そして十六歳のときに国際救援センターを出て、東京の足立区に定住しました。彼には四人の妹と三人の弟がいて、弟の一人はことばの不自由な障害者です。働き手はお父さんと彼の二人です。したがって彼はセンターを出てからは死にものぐるいで働いて、十人の家族をお父さんとともに支えていたわけです。彼はとてもまじめな青年で、非常に勉強をしたがっていました。しかし彼にとって残業で生活費を稼ぐことはなくてはならぬ部分でしたから、十年の間ついに学校に行くことなしに過ごしたのです。その間に弟や妹が大きくなって、何人かは定時制の高校に行きながら働くようになりました。余裕ができてきたので初めて彼は夜間中学に行くようになったのです。二十何歳という大人の、しかもベトナム人の青年が若い子どもたちの中学校に行って勉強するということはいろいろ辛いことも多いにちがいないけれど、彼は少しもはにかむことも、ひがむこともなく、明るく精一杯そこで勉強して、そしてこの三月に卒業し、四月に結婚したわけです。

その相手は夜間中学の先生でした。彼女は四年制の女子大を出て、昼間は養護学校で、夜は定時制の中学校で働きながら、このホア君と出会い、そしてホア君の人柄と雰囲気に深く心を打たれ、ついに彼らは一緒になったのです。その結婚式は本当に手作りの結婚式で、日本人、ベトナム人がたくさん集まり、彼女の養護学校の生徒である子どもたちが手話で、あふれるような笑顔で祝辞を述べました。それはことばに通訳されて語られたけれども、そのときのみなの明るい笑顔は、この先生がどれほど子どもたちに慕われているか、どれほど子どもたちが今日の門出を祝っているかを示すすばらしい心の表現でした。そして奥さんの友達も、彼らがこれから営む結婚生活を芝居にして祝ったのです。例えば、朝食の一場面として、ダンナさんのホアが「新聞は?」と言うと、奥さんが玄関に行って新聞をいきなり投げ込むようなこともやって、みなを笑わせたのです。そういう中で日本人もベトナム人も一緒になって門出を祝ったのですが、ここで次のことを言いたいのです。彼は勉強したかったけれども、十年間学校に行けなかった。したがって学歴という面からみれば十年は空の墓であった。しかしその空の墓は弟妹たちを学校に行かせることができた。みな立派に育った。そして十年の「時の幅」に耐えて学んだ夜間中学の卒業のときに神さまはすばらしい花嫁を彼に与えてくださった。そういう空の墓の中からあふれ出るアレルヤの歓喜がそこに示されているのです。それは自分のことを後回しにして、弟妹、家族のためにすべてをささげていたこの青年に対する神さまのたまものだとそのとき思ったのです。

そしてもう一つ。フィリピンにいたときに、アジア開発銀行の日本人にこういうことを聞きました。彼は大学を出るときに何をしようかと迷った。もし、自分に人生の目的が何であるか、人間の幸せは何であるかということがわかっていれば、それにふさわしい職業を見つけただろう。しかしそれがわからなかったから暫定案として、とにかく三度の食事と住む家を得る手段として大蔵省に入った。そして三十年あまりたったときに、アジア開発銀行のリーダーとしてマニラに赴任し、いろんな国に行って、その国の幸せのためにこうしたらいいという条件を出してお金を貸しているわけだけれども、自分自身の人生の幸せがわからない人間が、どうしてよその国の幸せについて助言などできるのだろうか。そう思うと自分の仕事は何か山師のような気がする、と言うのです。だから自分が死を前にした臨終のときに、仕事は自分の心を支える力にはならないだろうと感じているわけです。では、何が自分の心を支えるかというと、自分は一人の子どものために大変苦労をした。あの苦しみは純粋だった。そのことだけが死を前にしたときに自分の目を安らかに閉じさせて、死を突破させてくれる力だと思う、と彼は語ったわけです。ですから死を前にして、何がそれを乗り越える力となるか。それは、自分をむなしくして自分を明け渡す、そういう行為とその記憶だけがその死を乗り越える突破の力となることを示しています。家柄とか学歴というようなものは、いわば墓石の紋章みたいなものであって、死の前にはまったく無力です。そういう人間性の現実を理解し、それに対してどう生きていくかということを、キリストのみことばの中に学びながら成長していくプロセスに、「時の幅」というものがあることを、ここに述べたかったわけです。

2. 沈黙のひととき

二番目にヨハネ八章一節から十一節、ここは姦淫の現場をつかまえられた一人の女のことが書いてあります。律法学者やファリサイ派の人がその女の現場をおさえて、イエスに詰問します。律法によれば石殺しにすべきである。もしおまえがその愛の教えによって許せば、律法違反になるぞ。しかしまた律法どおり殺していいと言うならば、おまえの愛の教えにもそれは矛盾することになる。どっちにころんでもおまえはここでもって頭を下げなければならない。そういう計画を立ててイエスに迫るのです。イエスの態度は全く意外で、黙って下を向いて地面に字を書いていました。いきり立つ群衆は石を手に握りながら、イエスに解答を迫ります。イエスは初めて立ち上がって、「おまえたちの中で罪の覚えのない者がまず石を投げなさい」と言います。したがってこの女の立場に立てば、唯一の希望の助け人であるイエスのことばは「石を投げなさい」で終わっているわけですから、もう我が運命は極まれりという断崖絶壁のその先端に立っている気持ちでしょう。絶体絶命の境地、出口なし、逃げ場なしという希望のない、助けのない、その断崖絶壁の先端で彼女は心を徹底的に洗い清める「時の幅」を与えられていたわけです。ところがイエスのことばは「石を投げなさい」という前に「おまえたちの中で罪に覚えのない者がまず……」と述べられた。このことは群衆の力を借りて一挙にイエスに迫った彼らの出鼻をくじいたわけです。なぜかというと、「まず」ということは、いちばん初めにということで、一人ずつということになります。群集心理でならば一挙に石を投げることができるだろうけれども、一人ひとり自分に罪がないということを公に示しながら石を投げるということは、やはり一つの個人的な決断を必要とします。その前に彼らはちゅうちょして動きがとれなかったわけです。そういう中で時が流れる。そうすると聖書によれば、年長者から始めて一人ひとり去っていったという。これは非常に不思議です。勝手に推測すれば、いちばんの長老が、イエスは何を書いているかとのぞき込んだ。何が書いてあったと思いますか。ある聖書学者は、この老人が犯した姦淫の相手の名前を書いていたのではないかと言うのです。彼はそれを見て愕然として石をぽとっと落として去っていった。次の人は、何であのおじいさんは去っていったかということで、不思議に思ってのぞき込んだら同じような目にあって、また石をぽとっと落として去っていった。だから投石のにぎりこぶしは一つ一つほぐされて、石を落として去っていったとなるわけです。この変化を生んだのは、沈黙の「時の幅」の恵みの結果でしょう。この待ち時間、女にとっては身を切られるような改心のその「時の幅」は、群衆にとっては息詰まる思いの中で、一人ひとりの心の中をえぐった改心のときであった。そうやってここに和解が成り立つわけです。もしイエスが力ずくでこの女を守ったとすれば、群衆は場を変えて彼女を石殺しにしたでしょう。したがって本当の平和は生まれなかった。両方を本当に改心させたのは、つまり投石が落石に変わったのは、そこに沈黙のひとときがあったからであって、その「時」こそは恵みの「時の幅」だったのです。

3. 神遠し、人遠し

この三月にわたしの経験したことを話したいと思います。それはヨハネ十四章の一節から六節にある、「わたしは道である」というイエスのことばについてです。東京からだいぶ離れたある病院でわたしは数日を過ごしました。そこはブラザーが経営していて、その小高い丘の上に精神障害者のためのリハビリテーションのホームがあります。そこには壮年というのか老年というのか、四、五十歳以上の男性が二十人あまり生活していて、よく戸外で労働をしていました。みな、黙々としていて笑顔がない。だけどみな静かに仕事をしている姿は、何か外では見られない光景でした。ブラザーに聞いたら、あの人たちはみな、精神的な病気をもっていて、リハビリに来ているのだけれども、本来ならばもう退院していい人たちなのに、みなここを去りたくないと言う。帰るべき家はあるのだけれども、落ち着くべき家庭がないということだそうです。このことは今の日本のある断面を示しています。つまり物的には豊かになって立派な家はたくさん建つようになった。しかし傷ついた人をそこで本当に癒やす家庭的な場所はないということなのですね。そしてむしろそういう人たちを一か所に集めて、何か特別な箱の中で扱うような空気が、日本の社会には深く根づいていると思うのです。このことについてふと思ったのは、九十九匹をおいて一匹を探しに出る「良い牧者」のたとえです。このたとえは九十九匹と一匹とを比較してどっちが大切か、イエスは、一匹のほうが大切だと言って、九十九匹を置いていったわけではないのですね。そうではなくて、一匹が迷い出たのは九十九匹の中に家庭的な場所がなかったからであって、九十九匹の態度の中にその原因がある。だから良い牧者はその一匹を野越え山越え追っかけることによって、牧者にとって大切な一匹の価値を、九十九匹に知らせたかったのです。それによって九十九匹が自らの生き方を反省し、改心し、そして一匹を含めた世界全体が愛の家庭になることを喜んでいらしたのです。今思い出してみても、南の未開といわれる中で生きている人たちが、こういう点でわたしたちの模範のように思われます。そういう社会にも目の見えない人がいたし、足の不自由な人もいました。しかし彼らは特別な一角に隔離されるのではなく、それぞれやるべきことを与えられていて、みなで仲良く暮らしているのです。それが日本のように近代化し、ハイテクによってすべてが合理化されるようになると、どうして隔離現象を生みだすようになり、九十九匹の中にも冷たい、いがみ合いとか争いが絶えなくなるのでしょうか。したがってこの一匹が幸せになることを求めるということは、九十九匹も一緒に幸せになることを求めることであって、一人ひとりをみなで大切にし合う社会をつくることにその解決があるということを学んだわけです。この場合も、待ち時間というのが必要であり、その修道院でわたしは二つの忘れられない出会いをしました。

一つは、一見して障害者とわかる娘さんをもったお母さんとの出会いでした。その母親は乳がんの宣告を受け、今その子を前にしながら手術を受けるべきか否かを迷っていました。そしてわたしは相談をもちかけられたけれども、何と答えていいかわかりませんでした。つまり出口なし、逃げ場なしという、そういう人を眼前におきながら、答えるべきことばを見いだすことに行き詰まっていたのです。もう一人は三十歳近い娘さんで、頭も心もきちんとした立派な人で、修道会に入ることをずっと望んできたけれども、時々発作を起こし、半日くらい横になっていなければならないという状態になるそうです。お母さんは父親亡き後ずっと彼女を育ててきたのだけれども、脊髄に故障があって働くのが苦しい状態です。しかし、自分を育てるために毎日働いている。自分は三十近くになっても、まだ自立していない。母親に対しても心苦しいけれど、どうにもならない。そういう中でこれからどうしたらいいのか。その質問の前に、また出口なし、逃げ場なしで、そういう状況で、祈る以外すべを知らなかったわけです。ちょうど昨日彼女から手紙がきて、その中に彼女の属する教会の教会報が入っていて、そこに彼女の散文詩が載っていました。

その一節は「わたしはいつから神との間に一線をおくようになったのだろうか、どうして神を、手の届かない方にしてしまったのか、振り向けば、いつもたしかにそこにみ手があったのに、こんなあぶなっかしい子を、あの方が放っておかれるはずがないのに、わかっていたのに」という文章なのです。

こんなにあぶなっかしい子をほっとくはずがないという、そこに出口があり、そこから光がさしてくるという、このことをその帰りの汽車の中で味わったのです。というのは、病院を出て新幹線に乗ったときに、そこには恵まれたいくつかの家族が旅行を楽しんでいました。その中に一人座って、こういう人たちもいるのにどうしてああいう人がいるのか、そう思いながら手にもっていた一冊の本を読んだのです。その中にカール・ラーナーの『四旬節について』という論文があって、こう書いてありました。

かつてヨーロッパでは四旬節が来るとみな何か難行苦行をしたものだった。単に肉食をやめるということだけではなくて、荒衣とまではいかなくても質素な服をまとい、そして肌をさすような下着をつけたり、外出するときは靴の中に石を入れたりして意識的に苦行をしたものだ。ところが今はそういうことがまったくなくなってしまった。それどころか教会も率先して金曜日に肉を食べていいというように掟を緩やかにし、世をあげて難行苦行はもういらないというふうに見える。しかし果たしてそうなのだろうか。そして、ラーナーがさらに答えるわけです。あの難行苦行の盛んなりし時代というのは、今から思えば神さまが近く、人間もお互いに近かった。家庭の中でも、村や町の中でも、人間はもっとお互いにその親しみをともに分かち合って楽しく生きていた。しかし、今の時代というのは、神遠し、人遠し、そういう孤独の中でみなが耐えて生きている。そういう時代になった。この神遠し、人遠しという孤独に屈しないで、その「時の幅」に耐えて生きてゆくことこそは、現代人に課せられた難行であり苦行であると書いてあったわけです。そしてまた、ヨハネの十四章を引用し、イエスは「わたしが道を教える」とおっしゃらないで、「わたしが道である」とおっしゃった。「父に至る道を教えてあげよう」ではなくて、「わたしがその道である」とおっしゃったのです。そしてイエスは十字架上で弟子たちが離れ去ったのを確認し、「わたしの神よ、なぜわたしを見捨てられたのですか」と、神さまから見捨てられた孤独の中で息絶えられたのです。そのイエス・キリストの、神遠し、人遠しという孤独のどん底こそが復活に至る入口であった。それが道であった。そこに主がいた。主がともにおられる。そこでわたしたちは我が家にいるような気持ちになる。その道を逃げないことが今の時代の難行苦行であり、そこで主とともに生きることが今の時代の復活の祝い方だということです。神さまが見えなくなり、人が消えてしまうという裏目体験が逆に主に近づく接点になるということを、一つの祈りが非常に美しく表現しているので紹介しておきたいと思います。これは南北戦争のときに死んだ、ある無名戦士の手帳に書いてあったという祈りです。

わたしは神に力を願った　―　成功を収めるために。
　しかし弱くなってしまった　―　謙遜を学ぶように。
わたしは神に健康を願った　―　偉大なことを成し遂げるために。
　しかし病気になった　―　もっと神の心にかなったことができるように。
わたしは神に富を願った　―　幸福になるために。
　ところが貧乏になった　―　賢くなるように。
わたしは神に権威を願った　―　人のために利用しようとして。
　ところが弱くなった　―　神に頼ることを学ぶように。
わたしは神に成功することを願った　―　尊敬されるために。
　ところが失敗の憂き目に遭った　―　得意がらないように。
わたしは神に完徳を願った　―　神の聖なることを他の人に示すために。
　しかし自分の心の腐敗を見せつけられた　―　うぬぼれないように。

わたしは、願ったことは、何も得なかった。
けれども、希望したすべてのことを受けた。
神は、わたしが必要とすることをいちばんよく知っておられる。
願わくは、神は賛美され、祝福されますように。

わたしは願ったことは何も得なかった。けれども希望したすべてのことは受けた。こういう逆説が理解できたときに、キリスト教はわかったということになるのでしょう。

4. 平凡な日常の責務への献身

ルカによる福音の二十三章にイエスの最後の状況が、二人の盗賊との関係において示されています。一人はイエスをののしり、もう一人は「我々はふさわしい報いを受けているのだけれども、この方は何一つ悪いことをしていないのに我々と同じ運命にさらされている。どうかあなたがみ国にもどられるときに、わたしのことを覚えておいてください」と言ったのに対し、イエスは「今日、おまえはわたしとともに楽園にいるだろう」と答えました。今日というのは現在であり、「楽園にいるだろう」というのは未来形です。つまりここでは今日と未来が一つになって、「時の幅」がゼロになったのです。そこに道のもっとも典型的な光がさしているわけです。

以前、クリスマスのときに、真っ暗な夜、と同時に静かな夜であり、そして同時にそれが聖なる夜であるという、その中に「時の幅」をもちながら、しかし実質的に一つになっていくという、そこに秘義があることをお話ししました。わたしたちの精神的な成長というのはこの「時の幅」に耐えることによって、磨かれます。そしてまた、その成長の極みにおいてはすべてが崩壊した中でアレルヤを歌うことができるという、そういう境地に達することも示しているわけです。聖パウロは、「わたしは、あらゆる苦難の中にあって、慰めに満ち、喜んでいます」と言い、苦難が終わって、ではなくそのど真ん中で喜びと慰めに満ちているという、「時の幅」ゼロという境地にも人間は達することを示しています。そしてマタイ二十七章四十六節で、「わたしの神の死」という、このことが永遠の父にもどる道だというその教えについては、前に述べたあの自家用の神さまからの脱皮ということを言っているわけです。よく人が言う、「神さまが見えなくなった」とか「神さまが信じられなくなった」というその見えなくなった神さまとは一体何か、信じられなくなった神さまとは何か、しばしばその神さまは自家用の神さまであって、あなたの希望を満たしてくれる、あなたの召し使いを「神」と呼んでいたのだから、神さまがそうではないということがわかったにすぎないわけです。ヒットラーでさえ講演の最後にはいつも「神はこの計画を支えてくださるだろう。神は常にドイツ民族とともにあるだろう」ということで締めくくっていました。それは自分の計画を支えるものを神と呼び、自分の仲間を祝福するものを主と呼んでいたにすぎないわけです。そこから清められていかなければならない。その清めの部分に「時の幅」が働くわけだけれども、ここで一つ経験から言っておきたいことがあります。それは浄化の力としての義務ということです。わたしは戦争中、学生でした。そして勤労動員で半分は工場、半分は学校に行っていたときに洗礼を受け、そして堅信式の日が近づきました。東京の麻布教会でした。戦争中ですから堅信のチャンスはあまりなかったので、それを望んで準備していたのに、その日曜日が工場に行く出番でした。工場に行くべきか、教会に行くべきか、それで、洗礼を授けてくださったホイベルス神父さんのところに相談に行ったら、きわめて明瞭に「工場に行きなさい。義務のためだったら命をかけてもいい」と言われました。これはわたしの一生忘れられない一つのことばとなりました。つまり、堅信というのは大切だけれども、またのチャンスがある。だから工場に行く義務があるならばその義務のために命をかけてもいいという、そういう中で自分のしたいことをささげることが、神の意にかなうのであって、神さまとか、教会とかいろんな信心業という理由のもとに、義務から手を抜かせるようなものは、「御身のみ手」に近づく道筋ではなく、「わたしの神」への奉仕となってしまうことをここで言っておきたいと思います。それと同時に、その浄化の場というのは、特定の黙想会とか、修道院とか、教会の中にのみあるのではなくて、生活の場にあることも忘れてはなりません。

ある神父さんがイタリアにいたとき、教会の庭で聖務日祷を唱えていたら、急に教会の中がガヤガヤするのでのぞいてみると、一人の太った女性が祭壇の前に座って大声で祈っています。何を言ってるかと思ったら、「わたしの亭主はひどい男で、こんなことをした、あんなことをした」と主人の悪行を並べたてていて、最後に「こんな悪いやつですから今日こそ殺してやろうと思う、いいでしょう」と、わめいているのです。「もう我慢できないから殺してやるんだ、いいでしょう」というその繰り返しの中で、彼女はそこに泣き伏した。つまりこれが生活の中の祈りというものです。神さまにきれいごとを言う必要はないのですね。ありのままを言えばいい。イエスは「殺してこい」とおっしゃるはずはないわけです。だけど言わざるを得ない。それをイエスは聞く耳をもっていて、そのようにじかにイエスと自分自身の本心をぶつけ合うことによって、本当の礼拝ができるのです。それをきれいごとにして逃げないことが、浄化の場となるのです。特別なことだけではなくて、平凡な日常の責務への献身ということが浄化の場であるということを、強調しなければならないでしょう。

5. 徒労の杯

次にヘブライ人への手紙五章七節から十節を読んでみます。

キリストは、肉において生きておられたとき、激しい叫び声をあげ、涙を流しながらご自分を死から救う力のある方に、祈りと願いとをささげ、その畏れ敬う態度のゆえに聞き入れられました。キリストは御子であるにもかかわらず、多くの苦しみによって従順を学ばれました。そして、完全な者となられたので、ご自分に忠実であるすべての人々に対して、永遠の救いの源となり、神からメルキゼデクと同じような大祭司と呼ばれたのです。

ここにあるように、イエスは血の汗を流して懇願されました。その内容は、人類全体のためにあがないの犠牲をささげるという本命を免除してくれという願いごとではなく、それを満たす具体的なプロセス―道筋―を変えてくれという願いです。これはわたしたちの日常生活の願いです。例えば、親は子どもを育てる義務から免除してくれというのではなくて、こんなことが起こるというそのプロセスを、何とか勘弁してくださいということです。他の面でも、だいたい人間の血の叫びというのは、人間としての自分の基本的な生き方を免除しろというのではなくて、こんな思いをしてという、そのプロセスの部分をなんとか変えてほしいという願いを表していることが多いのです。聖書によれば、その願いは聞き入れられたと書いてあります。しかしイエスはその十字架の屈辱と痛みを免除されなかった。十字架の屈辱と痛みを通らない方法で、あがないの犠牲をささげたいというその懇願に対して、真っ向から否定されたと見えるわけです。しかしなぜ聖書はその願いごとがまっとうされたと書いているのでしょうか。すべてが徒労に終わったのではないか。しかしそうではないと、なぜ聖書は言っているのか。それはまさにこの裏目の事実こそは、キリストのささげの内容を示しているということを言っているのです。

どういうことかというと、地上の人類のうめき、苦しみは、まさにこの筋道変更の願いの挫折ということですが、その筋道変更を血の汗を流して懇願し、それが無視されるという体験を通じて、神さまがそういう人間の痛み苦しみを、身をもって一緒に分かち合ってくださったということであります。ですから、神遠し、人遠し、出口なし、逃げ場なしという、そういう場こそはキリストの場であり、そこに道があり、そこにすべての人の救いの門が約束されたのです。だからそのキリストの無私の、わたしをすべて明け渡して相手の上にもっとも力強く生きるようにというその配慮が、過越しの突破力となったのであって、そこにある徒労の杯の乾杯ということが、復活の喜びに通じるのでしょう。ここに「徒労の杯」という短い散文詩があるのでそれを読んでおきます。

「徒労の杯」

神さま！　わたしはそれでも生きています。
それは、希望に支えられているからではありません。これでは死んでも死にきれないからです。やはりわたしは生きたいのです。
生き生きとした魂を吹き込んでほしいのです。

神さま！　その生き生きとした命は愛だとおっしゃるのですね。そしてその愛さえあれば、何をしても生き生きとしてくるのですね。

その愛をください。

その愛で愛せるように、その愛の中でわたしもよくなり、生きかえられますように。


神さま！　その愛を頂くために、いったい何をささげよ、とおっしゃるのですか。

立ち上がろうとする足下からくずおれてしまうわたしの日々の繰り返し。

もうおささげするものはありません。


我が子よ　一つある。

尊いささげが一つある。

そのお前の徒労の杯をささげなさい。十字架上に力尽きてくずおれた主の前に。

これだけはいつも残っているのだ。
これだけは消えることのない希望のささげなのだ。

これだけは消えることのない希望のささげ、そこでどんなどん底にある人間も、新しい希望の光をもう一度味わうことができる。その歓喜が復活のアレルヤに通じるわけです。ですから復活祭のときの聖母の歌に、「ああ、み母マリア、アレルヤ、涙ぬぐいませ、アレルヤ」とあるけれども、その涙をぬぐうものは何かというと、「時の幅」に耐えぬいたということです。そしてそれこそは神さまの清めと支えであった。だからこのアレルヤの突破の輝きが身にしみて理解できることを言っているのです。

ではここで、静かに目を閉じて聞いてください。

空の墓、弟子たちはその事実を見て、それを信じたけれども、その意味を理解できなかった。そしてその意味を理解し、死も恐れぬ偉大な使徒になるのには長い「時の幅」があった。同じようにわたしたちも空の墓の前に絶望する。しかし実はそれはアレルヤの歓喜のときであるのにそれに気がつかないときがある。どうか空の墓の前に絶望するのではなくて、そこでアレルヤを歌う信仰に育つまで「時の幅」に耐える忍耐と希望を与えて、支えてください。

大きな罪を犯した一人の女をかこんで石を投げる群衆を前にして、イエスは黙って地面に向かって字を書いておられた。この沈黙の待ち時間こそは、奇跡の「時の幅」であった。その女はその中で命の清めを行い、怒り狂う群衆は自らの罪深さを知って、一人ひとり石を落として立ち去っていった。わたしたちも石を落として、自らの深い改心ができるように。わたしたちの経験がその「時の幅」として生かされるように。

そしてイエスは同時に、「わたしが道を教えてあげよう」ではなくて、「わたしが道である」とおっしゃった。その道というのは、神遠し、人遠しという孤独の中にじっと耐えぬくことであって、そこに主がいらっしゃる。その主とともにその孤独を分かち合うこと。それは九十九匹をおいて一匹を求めた主の心に近づくことです。九十九匹が、一匹も迷い出ることのない世界をつくることに改心したとき、九十九匹が幸せになるとともに、一匹がそこにもどってくる。そういうときを目指して、それまでの

「時の幅」に耐えられるように。

また、わたしたちの周りにある「こんなあぶなっかしい子をあの方がほっとくはずがない」というその放っておかない神さまのみ手の小さな使い走りとして、わたしたちのささやかなボランティア活動が生かされるように。

イエスは盗賊に「今日ともに楽園にいるだろう」とおっしゃった。「時の幅」ゼロというあの神秘を、わたしたちも「わたしの神」の崩壊という涙の中から見いだすことができるように。そしてその道が決して特別な英雄的な行為をすることによってのみ実現するのではなくて、身近な小さな義務を、一つ一つ心をこめて行うことの中に実現されることを学べるように。

そして、自分のみじめさ、自分の心の怒り、苦しみを人にぶつけるのではなくて、十字架上の主に打ち明けることによって、同じ思いを分かち合ってくださるあの方の光がさし込んでくることができるように。

いろいろな願いごとを心をこめてささげながら、その願いごとが願いどおりに実現されなかったときに、かえってそれが徒労ではなくて、徒労の杯として主に近づく愛のパスカ（突破）のチャンスとなれるように、この復活のときに心から祈りましょう。

第七章　希望の根拠——昇天と聖霊降臨の間

1．別離でありながら出会いである

ちょうど今は教会の暦によりますと、キリストが復活し、弟子たちと再会して四十日間暮らし、昇天して、十日後に聖霊が降臨されたことを祝う時期です。

今日は、キリストが昇天したがまだ聖霊降臨が来ていないという間を取り扱いたい。それはいちばん心細いはずの時間です。つまりキリスト教徒にとって頼みの綱であるキリストは、四十日間、確かに復活された姿を示されてみなを元気づけたのだけれども、天に帰られ、見えなくなった。聖霊降臨を約束されて、やがて聖霊が降《くだ》るから心配するなとおっしゃったが、まだ聖霊が降臨していない。だからその中間期はいちばん心細いはずなのだけれども、そのときの弟子たちはどういう状態だったか。がっかりしているかと思ったら、案外がっかりしていないのですね。

ルカ福音書二十四章五十節～五十三節にこういうことばがあります。

イエスは、そこから彼らをベタニアの辺りまで連れていき、手を上げて祝福された。そして、祝福しながら彼らを離れ、天に上げられた。彼らはイエスを伏し拝んだ後、大喜びでエルサレムに帰り、絶えず神殿の境内にいて、神をほめたたえていた。

見送った後、がっくりきたのではなくて、「大きな喜びをもって」と書いてあるのです。何で非常に喜んでいるのか。普通、わたしたちの経験では、人が亡くなると、「あのいいお父さまがご帰天されたそうで」ということばは「まことにお気の毒でございます」という痛みを分かつことばが後に続くはずなのに、この場合は「非常な喜びをもって」と書いてあるわけです。このところをどういうふうに理解するか、そこから入っていこうと思います。

キリストが昇天したというのは明らかに別れです。別れというのは悲しいものです。愛し合い、信じ合う者が別れるというのは悲しいわけです。ところが、何で元気づいたかというと、その別離は、何日か後にまた来られるであろうという期待だけでなく、もう到着が始まっているという確実さに支えられているからです。別離なのだけれど出会っているという矛盾があるわけですね。世間一般では、帰天とは地上から不在になることです。愛し信じる人が不在になることは、非常に苦しく悲しいことなのに、大いに喜んでいるということは、どうも不在ではないらしい。何か支えているものが現にあるから喜んでいる。その中に実在があるはずだ。そして大切な、なくてはならない人がいなくなることは欠落を生むはずなのに、喜び勇んで充実しているわけです。だから別離でありながら出会いであり、不在でありながら実在であり、欠落でありながら充実しているという矛盾、こういう矛盾というのはどういうふうに理解するか。その問題をまず冒頭に出しておきます。

2. 聖霊はうめきをとおして教えてくださる

そこで次のように考えるわけです。ヨハネ十六章七節に、「わたしが去っていくのは、あなたがたのためになる」とあります。わたしがあなたたちを残すことは、あなたたちにかえって利益がある。自分が去らなければ助け主は来ないであろう。しかし自分が去れば、助け主が来る。それは自分と一体の神ご自身の、同じ力をもつ愛の神さまなのだということばがあって、さらに十六節に、「しばらくたつとあなたたちはわたしを見なくなる。あなたたちは悲しみでいっぱいになる（つまり別れである）。しかし、しばらくたつとまた会うときが来る。そしてその再会の喜びを奪い去るものはない」とあります。ここに「しばらく」ということばが出てきます。しばらくとは「時の幅」を意味すると思うのです。聖書のことばを見てみますと、ローマの信徒への手紙八章二十四節～二十七節にこう書いてあります。

わたしたちは、このような希望によって救われているのです。見えるものに対する希望は希望ではありません。現に見ているものをだれがなお望むでしょうか。わたしたちは、目に見えないものを望んでいるなら、忍耐して待ち望むのです。同様に、〝霊〟も弱いわたしたちを助けてくださいます。わたしたちはどう祈るべきかを知りませんが、〝霊〟自らが、言葉に表せないうめきをもって執り成してくださるからです。人の心を見抜く方は、〝霊〟の思いが何であるかを知っておられます。

聖霊はうめきをとおして教えてくださる。つまりうめきというのは、愛し、信じる人がいなくなってうめいているように見えるのだけれども、うめきの中にもその方が来ているのだということなのです。辛抱強くということは、辛抱強さを支えてくれる人が来ているのだ、そういうことが体験によって分かってくる。そこに修練というのがあり、その道程をこれからお話ししようと思います。まず聖書を引用して後からつなぎの説明をします。ペトロの手紙一の三章の十五節に、次のことばがあります。

あなたがたの抱いている希望について説明を要求する人には、いつでも弁明できるように備えていなさい。それも、穏やかに、敬意をもって、正しい良心で、弁明するようにしなさい。

つまりキリスト教徒というのは、いやなこと、苦しいこと、つらいことのど真ん中でうめいているときも、希望をもっている。その希望はむなしい希望ではなくて根拠がある。その根拠が何であるかを、やさしく、相手にとって気持ちよく響くように答えられる準備をしていなさい。それが宣教というものですよ。他の人を見下してするのではなく、キリスト教徒も同じ人間としてうめいているが、ただうめくだけでなくて、うめきの底に希望の根拠をもっている。その支えによって生きている。その生き方が自分を鍛えてくれる。その鍛えが、希望というものをうめきの中で確固としてくれる。その支えを伝えることができるように、いつも準備をしていなさい、ということです。

こういう一連の流れをまとめますと、うめきの底を支える希望の活力、つまりダイナミックな流動的な生きた命がわたしたちの心を支えている。その支えの根拠にキリストがいらっしゃる。その一連の流れを次に話そうと思います。

3. 聖霊降臨とは

一体聖霊降臨とは何であるか。キリストが昇天して、約束されたとおり聖霊が降臨した、と使徒言行録に出てくるわけです。

五旬祭の日が来て、一同が一つになって集まっていると、突然、激しい風が吹いて来るような音が天から聞こえ、彼らが座っていた家中に響いた。そして、炎のような舌が分かれ分かれに現れ、一人一人の上にとどまった。すると、一同は聖霊に満たされ、〝霊〟が語らせるままに、ほかの国々の言葉で話しだした。さて、エルサレムには天下のあらゆる国から帰って来た、信心深いユダヤ人が住んでいたが、この物音に大勢の人が集まって来た。そして、だれもかれも、自分の故郷の言葉が話されているのを聞いて、あっけにとられてしまった。(使徒言行録2・1〜6)

聖霊が降臨して弟子たちが確固たる団体を作って活動を始める。つまり聖霊降臨の意味は、教会の誕生なのですね。ところで聖霊はその日に初めて降ったわけではない。旧約の預言者もみな、聖霊によって語ったわけですから。聖霊降臨の日に何が起こったかというと、難民のことばで言うと、聖霊が「定住」したのです。それまでは風まかせであった。あちこち思いのままに吹いていらっしゃった。しかし聖霊降臨の日に地上の一角に聖霊が定住して、そこに一団体が固められて、それが活動を始めて神の国の実現に前進していく。ですからいちばん基本的な点は、聖霊が定住して、目に見える形で教会という一つの人間の集いを作り、弟子たちが中心になって、その神の国の成長のために全世界に福音を説き始めた。その教会の誕生日を祝うのが聖霊降臨祭です。

変な言い方をしますと、神さまが人類を救うときには二つの方法があるでしょう。一つは一本釣り法で、自ら手を出して一人ひとりを救い出す方法。もう一つは、網を打って、その網の中にみなが入ってくるようにすること。その網が地上の一角に定着したのが聖霊降臨です。しかし神さまは一本釣りをやめたわけではない。一本釣りを続けながら、同時に網の中にたくさん入るように、二つが並行して行われているわけです。その二つの関係というのがまたデリケートなのですが、両方あることはまちがいなく、その両方が一つの聖霊による働きなのです。

だから今まで申し上げたことを整理しますと、「わたしが去っていくのは、あなたがたのためになる」ということ。自分が去ると、聖霊が来て地上の一角に常在し、その団体は、座禅をくんで悟るというむずかしい方法ではなくて、耳に響く福音のことばを通じて説明してくれるし、水をかければ、ひやっとしてわかる洗礼のような秘跡—無念無想になって初めて分かるのではなくて、もっとピンとくるやさしい方法—を通じても救いの道を与え続けてくれる。あなたたちは、一本釣りの方法で自分につながっているだけではなくて、地上の一角にそういう場ができて世の終わりまで続くのだから、そこに頼るべき部分を見いだすことができるようになる。そこに助け主がきて地上に常在する。キリストはそういう約束をして天に帰られた。弟子たちの心は、その約束の活力によって奮い立たされ、その支えの聖霊によって促されて生き生きとして聖霊降臨の日を待っていたのです。希望に燃えて待っていた。決してがっくりきて、意気消沈して待っていたわけではない。

とはいうものの、ここで一つ問題になるのは、「非常な喜びをもって」という昇天を記録した聖書のことばは、やはり先取りの賛歌でしょう。まだ来ていないことを前もって喜んで、神を賛美していたというのですから、先取りの感謝と、先取りの賛歌があるわけです。マザー・テレサがいつかこういうことを言いました。「『神さま、このことはどうしても実現してください』という願いごとがある場合、わたしは祈る。祈りつつ先に感謝する」と。先取りするというわけですね。すると神さまは必ず後で実現してくださる。つまりマザー・テレサのように無私に徹する修練を経た人の祈りは、まだ実現されていないにもかかわらず、もう感謝できるようになり、祈りは賛歌に変わるのです。マザー・テレサができるのだからひとつやってみようと、みながやってもそのとおりにいくとは思わないのだけれども……。マザー・テレサがああいうことを言ったというのは決してうそではないと思うのです。彼女の修練を経た魂が、本当にまだ見えない現実を見えるかのように、すでに先取りして祈っているときは、彼女にとってはもうそれは「時の幅」を超えて現実になっている。するとそれは神への感謝になっている。その時点で神への賛美になっているという境地に達するのは、やはり修練を経る。このことはまたあとで触れますけれど、ローマの信徒への手紙五章三節～五節に次のようにあります。

そればかりでなく、苦難をも誇りとします。わたしたちは知っているのです、苦難は忍耐を、忍耐は練達を、練達は希望を生むということを。希望はわたしたちを欺くことがありません。わたしたちに与えられた聖霊によって、神の愛がわたしたちの心に注がれているからです。

苦難のさなかにあっても、うめきの中にあっても、すでに聖霊が到着してその聖霊によってうめいているときは、その希望はすでに神さまに届いている。それが本当にその人の修練の結果神との一致に達しているときは、うめきながら感謝し、賛美するという境地になる。聖パウロが言っているように、「わたしは、あらゆる苦難の中にあって喜んでいます。」一切の苦しみが終わってから喜ぶのではなくて、この苦しみのさなかにあって喜びにたえない、感謝に満ちているという。これを前置きとして、最近体験したある例を話そうと思います。

4.「三界に家なし」の少年たちの受け入れ

現在わたしが参加している国際センターの中で「悪ガキ」(注、日本人の間の俗称として、内外人の区別なく使う)と呼ばれる少年がたくさんいます。彼らの中にはベトナムにいたときにも手のぬくもりを知らないストリート・チルドレンのような少年たちもいます。彼らは冷静に考えて国を出たわけではなく、国を出るときも涙を流してくれる人もいなかった。そういう孤独の中で育ち、香港などの狭い収容所に詰め込まれて、三年、四年と過ごすわけです。成長期、思春期のむずかしいときをそういうところで過ごすと、精神が荒廃しやすいでしょう。そして日本に来て、センターに入る。日本語を勉強するといっても、教室にじっと一時間座っていること自体が苦しいのですね。だから彼らに日本語を静かに勉強しろというのは、日本の中学生に、座禅の道場で正座して英語を勉強しろと言うのと同じなのです。そういう子どもたちに対してどうしたらいいのか。十六歳になると就職ができるので、外に出す。すると、すぐに行った先を飛び出す。

それで転々としていろんなことが起こるわけです。行き場がなくなるとまたセンターに帰ってくる。ところがセンターは、一度就職すると中には泊まらせない。出たら最後行った先でがんばりなさい、つらくても帰ってきてはだめだよという原則があるからです。すると今度は塀を乗り越えて黙って入ってくる。潜りですね。そういう人がだんだん増えてくる。取り締まる側から見ると「とんでもないガキだ。あんなの束にして海へ放り込みたい」という人もいる。ベトナム人はどうか。「自分たちがせっかく苦労して、ここまで道を開いたのに、あんなのが来るとベトナム人の評判が悪くなる。あんなのはまとめて海に放り込みたい」と思いやすい。するとこの子たちはまさに「三界に家なし」なのです。ホームレス、空間的な家がないだけではなく、自分を受け入れてくれる所がない。どこに行っても「おまえなんかいないほうがいい」と、そういった少年たちがたむろするようになってきたわけです。どうしたらいいか。解答は「お手あげ」なのです。

そのときに、難民センターをずっと助けてくれたあるボランティア・グループが、こうしようという案を出したのです。この少年たちはどこへ行っても受け入れられないのだから、一週間に数時間くらいかまってもらえる場をつくったら、それがチャンスになっていいことが起こるかもしれない。しかし起こらないかもしれない。でも可能性はある。それを期待しようというわけです。どういうことをやるかというと、毎週二回、昼ごはんを一緒に食べる。ボランティアのお母さんが毎回二人ずつ来て、彼らの集まる場所に行って、おいしいご飯をもっていって一緒に食べる。塀を乗り越えてこようと何もとがめず「いらっしゃい」と少年たちを迎えて、楽しい昼食会―ランチ・ミーティング―をやりましょうというわけなのです。繰り返してずっとやっていけば、この子たちも、この世界には鬼ばかりではなく、小さい一角で、短い時間だけれど、ごちそうをしてくれる人がいるということが一つの「希望の根拠」になるかもしれない、という案が出たのです。わたしははじめはちゅうちょしたのです。一つはそれをやる人が大変だろうと思ったからです。とにかく品川のはずれまでごちそうを作ってもってくるのは大変だし、善意でやっているのに、少年たちは「何だ、あのおばさんたち」って変な目で見るかもしれないし、気分のままに来て、気分のままに去っていくだろうし、いくらやっても効果がない。そういうのをいつまでも続けることに意味があるかという内面的な大きな壁が待っているのではないか。それが一つです。もう一つはセンター側の問題です。センターは政府が作った入れ物だから非常に役所的なところがあります。難民が日本でうまく定住できるかどうかは、日本の風俗、習慣になれるかどうかにかかっているという考え方です。ところで日本の風俗、習慣は単一文化で、ユニフォームで、非常に規則が厳しいから、それに耐えられるようにするのがセンターでの訓練の中心で、そういう厳しい枠の中でやっていけるようにして出せば、出てからうまくいくだろう、そのへんに耐えられない人間は外に出てもだめになるだろう。そういう考え方で訓練しているのに、規則を破って塀を乗り越えてくる者をほいほい迎えていたら、センターの訓練そのものが底抜けになってしまって、自分たちの足元で自分たちの努力を無にしているのではないか、そういう非難が内部から当然予想されるわけです。

センターは始まって十年たちます。ちょっと脱線しますと、オープンしたころに、有名なテトというお正月のお祭り（ベトナムでは最大のお祭り）を祝いたいから、日本語の勉強をやめてみなで楽しく過ごしたいと言ってきました。彼らにとっては大きな喜びなのですけれど、日本人にとってはあまり意味がないでしょう。当時センターの考えは、日本人にとって、テトなんて意味はない。日本社会に入っていくのだから、センターにいるときに、意味のないことを教えてやれ。そういう厳しさを体験させるために、テトの日にも一生懸命勉強させ、そういう中で鍛えてこそ日本でうまく定住できる、という見方だったのですね。これは間違っていると思う。例えば、外国の日本軍の捕虜収容所でも、盆踊りをやっていたのです。人間というのは、家庭的な部分がなければ、まじめなこともできない。だから日本に来てよかったという思いを与えないで、ただ日本の風俗、習慣になれさせようと思ったって、うまくいくはずはないのだけれど、そこは日本人の考え方なのです。善意で、それが彼らのために必要だというところがあるのです。それは今までの経験でだいぶ直ってきたのだけれども、こういう枠組みの中で、このランチ・ミーティングは果たしてうまくいくか。

ボランティアで来る人たちは本当に熱意があり、多くの困難は承知の上だと言う。日本にだってたくさんの「悪ガキ」がいて、何もセンターで初めて悪ガキに会うわけではないし、そんなことではびくともしない。こっちは大丈夫だと言う。したがって問題は受け入れの体制側にある。しかし希望もないわけではなかった。難民の生活部分を担当する処遇課に、青年海外協力隊の出身者がいて、彼らは役所の固い枠の中できちんと仕事はするのだけれど、温かい心の持ち主で、少年たちの気持ちも分かっているのですね。彼らはランチ・ミーティングに賛成なのです。だからセンターの中にも強い「希望の根拠」がある。センターの側にも、ボランティアにも熱意のある人がいて、それが組み合わさって前進していけば、「希望の根拠」は成長するのではないかと期待しつつ出発したのです。

ところが四月から始めて二か月たって、五月末に危機が来ました。特に上層部のほうから、いつまで彼らを甘やかしているのだという、厳しい声がわいてきたのです。時を同じくして、処遇課にいて彼らのよき理解者であったAさんが、結婚してセンターをやめることになったのです。そしたらまた、五月二十六日に大きな打撃がありました。その少年たちのたまり場でボヤを出してしまったのです。消防車は来る、救急車は来る、警察は来る、で大騒ぎになった。幸いボヤは大事に至らず、後になって彼らの責任ではないことが分かったけれど、そのときは、「そら見たことか、これは単なるボヤで終わったからいいけれど、彼らの侵入を許せば、どんなことになるか分からない」という風潮を助長したことは間違いありません。そうすると。これはいよいよピンチだと思ったわけです。「希望の根拠」は浅くなったような気がしました。しかしまだまだ希望はしていました。

そしてAさんの結婚式が五月三十日にありました。相手のB君も協力隊の出身者で、もと同じ処遇課で働いていた人で、彼もその少年たちを心にかけていました。センターの上の人たちも大勢参加し、めでたい結婚式でした。わたしは協力隊の出身者であるし、二人がセンターに来るときもいろいろ手伝ったから、二人の親みたいな形で、冒頭に話すチャンスがあったわけです。そのとき、何か聖霊に満たされたのでしょうね。きわめて自然に言いたいことが言えました。

この二人はとてもいい人たちだ。しかし、この二人はまず金持ちにはならないだろう。ああいう精神では日本では金持ちにはなれないし、多分出世もしないだろう。だけどそういう価値観で動かされない人間であるということにわたしは本当に誇りを感じるし、そういう二人が一致して新しい家庭が生まれることは、二人の幸せであるとともに、日本のために本当にうれしいことだ。そして、この二人がセンターでやったことを話しました。二人は自分の職務に忠実だったから、ベトナム人に対しても、悪いことをすればちゃんと注意して決して見て見ぬふりをしなかった。B君は、気は優しくて力持ち、体は大きいから「悪ガキ」はしょっちゅうつかまって叱られていた。だけれどB君を心から慕っていた。B君は締めるところは締めるけれど、自分たちの味方だということを知っていたからです。そして今センターの大きな問題になっているランチ・ミーティングの話をしました。こういうことをセンターで実行できるようになったのは、彼らのおかげでもある。どうか二人はセンターを去っても、センターが少年たちにとって希望の場所となるような道をたどれるように祈ってほしいと言ったわけです。

わたしが席にもどると、隣の席の課長が「いいことを言ってくださった。あの線がこれからのセンターの進むべき方向ですよ」と言ったのです。そして翌日が五月三十一日、昇天祭でした。「大いなる希望をもって、主の不在の中で喜んでいた。」Aさん、B君は不在になった。しかしその不在になって欠落した部分は、かえって新しい実在の場になる。そしてその翌日の六月一日にセンターに行って上の人たちに会ったら、みなとてもにこにこして、この間の結婚式の話はよかったと言ってくれた。つまりセンターの上部の責任者として、ああいう席で二人を囲み前途を祝いながら、二人がそういう人柄であったということを再確認してくれたわけです。その後見てますと、センターサイドから、ランチ・ミーティングをつぶせという案は出てこないですね。だから多分乗り越えたという思いが「希望」の中にあるわけです。目に見えない部分が残っているけれども、先取りして祈っていれば、すでに感謝になって賛美につながるという実例を、ご昇天、聖霊降臨というときに味わったわけです。ですから前に述べたいくつかの聖書の引用などを、今の話に関連させてくださると、割合に分かりやすいのではないかと思います。

次に一人の老シスターの例を話しますと、この方も八十歳以上で、大学の学長を十年くらいやった方です。先日わたしはある地方の同じ修道会がやっている学校に行ったら、受付の老シスターが、「神父さま、こんにちは」と言うんですね。誰かわからなかった。「お久しぶりですね。わたしは受付のおばあちゃんになりましたよ」と。見たら何とその学長でした。普通世間だったら、大学の学長を十年もやれば、たくさんの退職金と前学長という肩書がついて、いい生活ができるのだけれども、修道者というのは終わった瞬間にもう一ひらの修道女で、小さな地方の学校の受付に座って晩年を過ごし終わっていく。それが修道者なのですね。今の時代にそういう人間性のもっている輝きみたいなものが、日本にすごく大切な部分だと思います。そういう影響が学生生徒の上にあるということは、今、修道会の経営による学校は批判されるけれど、そういう面では他にはない光をもっていると思います。

5. 巷の雑踏のど真ん中で聖霊の声を聞く

わたしが神学生のころ、よく休みにスイスのある小教区に行ってお手伝いをしていたときの話をします。ある日、有名なアフリカの宣教師が帰ってきて、講演会をやり、わたしの泊まった司祭館に彼も泊まって、夜、わたしを呼んで話をしてくれました。彼はわたしにこういうことを尋ねたのです。「わたしがアフリカで何十年か過ごした中で、いちばん苦労したことは何だと思いますか」と。わたしは、スイスは寒い国だし、アフリカは暑いから、気候で大変だったでしょうとか何とか言ったのですね。そしたら自分がいちばん苦労したのは、同じスイス人の、同じ修道会の同僚と気が合わなかったことだと。つまりいちばん一致すべき部分で欠落がある。右腕の欠落です。しかしそれがその人の宣教活動を妨げたかというと、そうではないのです。つまり欠落した部分があるから、うめくわけでしょう。うめく部分こそ聖霊につながる部分なのです。それがなかったら上っ調子になってしまう。わたしがスイスで初ミサをあげたときに、田舎の教会だったのだけれど、その教会の賄いさんが、「あなた、日本に帰ったらどういう教会に赴任するか知らないけれど、どこの教会の助任になっても、説教台上から信者に平和を説教する前に、主任神父さんと平和を保ちなさいよ」と言ったのですね。つまり説教台上から聖書を引用して平和を説くのはやさしいのです。ところが疲れきって司祭館にもどるでしょう。そこにもう一人の年を取った気むずかしい神父さんがいるわけです。両方とも独身の男性で、外でいろんな傷を受けて、家に帰ってまた出会って、そこではお互いの我がいちばん出やすいでしょう。ぶつかり合えば、また傷を深めるわけです。そういうときに「この人は外できっと傷ついたのだろうな、だからその傷を自分は癒やさなければならない」と努めることは、外には見えず、神さましかご存じない。そういうところで、何年も何年も共同生活をしながら福音を説く。その隠れた部分のうめきこそは福音を説く力なのです。そこに聖霊の力が働く。考えてみれば、イエスの弟子も十二人いて、一人はユダだった。この人はイエスを裏切って殺すわけでしょう。だからあのユダがいなくて、模範的な弟子で、十二人そろって品行方正、優秀な使徒だったら、どんなに福音が広まったかと思ったら全然違うでしょう。やはりそういううめきの部分、痛い部分があってこそ人間は祈ることを覚え、そこに聖霊降臨があるのです。その聖霊は、一本釣りの単独的な導きであるとともに、教会という定住した場を通じてちゃんと働いている、世の終わりまで。それが聖霊降臨です。

もう一つ、ラファエラ・マリアの例を話します。この人は「聖心侍女修道会」の創立者です。彼女はスペインの地主の娘でした。四歳のときにお父さんが死んで、十代でお母さんが死んで、お兄さんの代が来た。彼女はお姉さんと一緒に、町や村の苦しむ人のために、ずいぶんボランティア活動をした人なのです。両親は理解があったのでそういうことができたけれど、お兄さんの代になると、お兄さんのお嫁さんは貴族の娘とか、金持ちのお嬢さんで、当然門構えが必要です。親の遺産にしても、勝手に妹が持ち出していったのではたまったものではないというわけです。結局生き方が違うのですね。それで二人は家を出ます。その結果、新しい修道会を創ったのです。その修道会はどんどん発展していく。ところがそのラファエラ・マリアさんが創立者兼総長で四十三歳のときに、修道会の中の帳簿に会計上のミスがあった。そのことで責任を問われて総長を辞し、いちばん末席の雑用係として三十二年間、七十五歳まで過ごすわけです。死んだときに、同じ修道院に住んでいるシスターはこの人が創立者とは知らなかった。ところがひょっとしたことで、その帳簿のミスの原因が分かるのです。まったく彼女の責任ではなかった。この事件が起こったときは、彼女のお姉さんもこの妹の総長を非難した。だから完全な孤独、欠落状態だったけれども、その欠落状態のど真ん中で非常に平和だったのです。むしろその欠落こそはうめきの場、うめきの場は同時に聖霊の場、それは充実の場でした。そこで神さまと出会っている。

そういう信仰において希望しながら、愛によって自分をささげていくという動きがこの中に見られるわけです

次に聖霊降臨について触れておきますと、使徒言行録の二章に、弟子たちが祈って待っていると、突然激しい風が吹いてきたとあります。大きな「音」がした。家中に響き渡った。みながびっくりした。一同は聖霊に満たされて霊が語らせるままに、他の国のことばで話し始めた。そこにはいろんな国の人が集まっていた。この物音に、さらに集まってきたけれども、だれもかれもが、自分の生まれ故郷のことばで弟子たちが話しているのを聞いて、あっけにとられていた。その中にユダヤ人もいたけれど、ユダヤ教に改宗した人もいた。みな、神の偉大な業を自分たちのことばで話すのを聞

いて、あっけにとられたと書いてある。

　ここで二つの点に触れたい。第一に突然聖霊が降ったこと。予告がない。だから先ほど話したうめきからの願いはいつ実現できるかという、その「時」は人間は指定できないのです。「時」は神のみ手の中にある。それは神さまに任せなければならない。「時の幅」に耐える。こっちが注文して、神さまが「あいよ」というわけにはいかない。それは神さまが最善のときにくださる。その時の熟すのを待つ。そこに練達がある。「苦難は忍耐を、忍耐は練達を、練達は希望を生むということを学んだ。その希望はわたしたちを欺くことはありません。わたしたちに与えられた聖霊によって神の愛がわたしたちに注がれていることを知っているからです。」

　その次に、天から音がしたとあるでしょう。これには思い出があるのです。わたしが協力隊の訓練所長のとき、毎期、語学研修旅行というのがあって、二泊三日で連れていくわけです。言語別に分かれまして、だいたい十人単位で先生と一緒に旅行に行って、日本語は禁止。しゃべるのも、読むのも日本語は禁止です。わたしは英語グループと一緒に金沢に行ったのです。金沢の小さな民宿、確か支給されるお金が一泊三千円以下なのです。十人くらいで泊まって朝ご販を食べて三千円ですから、小さな小さな宿でした。朝、目が覚めた。ちょうど日曜日で聖霊降臨だったのです。今日は聖霊降臨祭だ、ミサに行きたい。だけど許されない。じゃあみなの起きる前にお祈りしようと思って、聖書を出した。日本語禁止だから英語の聖書を出して、みながゴロゴロ寝ているど真ん中で聖書を開いてこの部分を読んだのです。「天から音がして」という。驚いたのは、音はノイズと書いてあるのです。サウンドではない。ノイズ、つまり騒音でしょう。だから聖霊降臨の場というのは、いろんな国の人が出入りするはたご屋で、決して丘の上のきれいな修道院ではなく巷の雑踏のど真ん中だったのです。そのとき気がついたのは、今日もまた、この十人と巷をさまよう、その雑踏の中で過ごす一日は、まさに聖霊降臨にふさわしいのだと。そう思ったら急に気が楽になって、その日一日、十人と一緒に本当に楽しい時を過ごすことができたのです。ですから、わたしたちの日常生活のいろんなうめきが消えたら、そろそろ聖霊が降るかと思ったら大間違いです。その混乱、うめきのど真ん中に聖霊は語っている。そこに修練がある。そこに耳を傾ける。その聖霊のことばはやさしいことばで、おのおの自分の生まれた国のことばで聞いた。むずかしい理屈ではなくて、非常に単純明快なことばなのです。「おまえ、それやれよ」とか「それをやってはいかんよ」とか「辛いだろうけれど頑張りなさい」とか、わりに簡単なもので、気がついてみると、何で自分はあんなことにいつまでもくよくよしていたのかということが大部分です。それでイエスはその聖霊を約束して、弟子たちに「全世界に行って」という命令を出すわけでしょう。これはマタイによる福音のいちばん最後の二十八章にあります。

「わたしは天と地の一切の権能を授かっている。だから、あなたがたは行って、すべての民をわたしの弟子にしなさい。彼らに父と子と聖霊の名によって洗礼を授け、あなたがたに命じておいたことをすべて守るように教えなさい。わたしは世の終わりまで、いつもあなたがたと共にいる。」（マタイ 28・18～20）

このことばを読んでみると、ちょっと矛盾があるのです。「わたしは天と地の一切の権能を授かっている」と書いてあるでしょう。イエスに与えられていて、わたししたちに与えられていなければ、全世界に行ったって心細いわけです。しかしそうではなくて、「わたしは世の終わりまで、いつもあなたがたとともにいる」とあります。世の終わりに突然神さまが現れるのではなく、世の終わりまで日々、わたしたちの日常の雑事とトラブルのうめきのど真ん中に自分はいるのだよ、日々一緒にいるのだよ、だからその中で頑張るのだよ、そこに聖霊がいつもあるのだよ、聖霊は定住しているのだよ、その定住の場は教会だよ、そこに行って祈ればきっと何かあるよ。でも神さまは一本釣りによっても語ってくださるのだから、そっちを使ってもいいよ、そういう聖霊の約束がそこにあるわけです。

ではここで祈りましょう。

主はこの世を去られたときに、自分が去ることはあなたたちのためになるとおっしゃった。見えない世界に自分が消えていくことが、残されるわたしたちのためになるとおっしゃった。それは、わたしたちのこの地上に神の霊の定住の場が与えられたということ、そこでわたしたちはいつもその神と出会うことができるということ、そこに行けないときも、神はいつも一人ひとりに聖霊を通じて語っているというつながりがあることを記憶させてください。

そしてそのつながりの声は、仕事が順調なときとか、家族が円満なときだけ響くのではなくて、むしろうめきのとき、苦しいとき、何もかも投げ出したくなるとき、そういうときにこそ聖霊の光は心の中でわたしたちを支えてくれる力であることを記憶させてください。

そして眼前の出来事が、いろんな期待外れとか、計画の挫折とか、必要な人の不在とか、思いがけない出来事で壊れたと見えたときに、かえってそこに聖霊の降臨の場が準備されていることを待つ忍耐が、聖霊によって支えられることを記憶させてください。

そして七十になっても八十になっても、いつも若々しい精神をもって、受け入れられることのない人の心の痛みを共感できるような、そういう生き生きとした若さを死ぬまで失うことのないように。また、いちばん親しい人から裏切られたり、あるいは疎外されたときに、その孤独の中でかえって聖霊の実在を呼吸することができるように。そして待つことができるように。時は常に主のみ手の中にあって、こっちが注文して決めることではないことを記憶させてください。

　そして地上の争乱が決してあなたの外にあるのではなくて、争乱の中にあなたは語られることをしかと信じ、そのことばを日々の生活の中に実行できるように導いてください。聖霊の導きの中にこの祈りをおささげいたします。

あとがき

二〇一四年十一月、ＮＰＯ法人「芝の会」から編集部に故粕谷甲一神父様が話された講話集を出版していただけないかという問い合わせがありました。「芝の会」は粕谷甲一神父様の指導によって設立され、毎月会員たちを講話をもって指導されていました。

届けられたのは、実に一九九一年九月〜二〇〇八年一月に至るまでの百四十八回にわたってなされた講話集です。一つひとつの講話は、その時代を象徴する日本の社会状況のみならず海外の経験からの問題意識に照らされた話で、それは現在のわたしたちにも深く問いかけてくるものです。

粕谷甲一神父様は神学者のカール・ラーナーに師事されましたが、難解なラーナーの神学を日常生活の種々の出来事の中に生かしておられます。講話の中に一貫して流れているのは、実に「キリスト教とは何か」ということであり、カトリック信者が少ない日本の社会の中で、どのようにしてイエス・キリストの愛を表し伝えていくか、ということです。

神父様は「わたしに大きな影響を与えたのはカール・ラーナーという神学者ですが、マザー・テレサは学者ではないけれど、わたしに同じことを教えてくれました。ひとことで言えば、『キリスト教とは何か』ということで、両者とも言っているのは『結局キリスト教とは生き方の中にある』ということです」と言っています。

この講話集が多くの人にとって、キリスト教について知るための光ともなり、キリストの愛を表す機会ともなることができれば、それは神父様が切に願っていることでもあると思います。

編集部

本文中の聖書の引用は日本聖書協会『新共同訳聖書』（一九九九年版）を使用させていただきました。

キリスト教とは何か①　復活の秘義をめぐって

著者　粕谷甲一

発行所　女子パウロ会

代表者　松岡陽子

〒107-0052　東京都港区赤坂 8-12-42

Tel.(03)3479-3943　Fax(03)3479-3944

Web サイト http://www.pauline.or.jp/

印刷所　図書印刷株式会社

初版発行　2015 年 5 月 2 日

ISBN978-4-7896-0754-4 C0016 NDC194